公共法律服务体系建设实践丛书

百姓的
贴身法律顾问

婚姻家庭　民间借贷篇

主编　谢定彪　王博

《公共法律服务体系建设实践丛书》编写人员
主　　编：谢定彪　　王　博
副 主 编：雷　珊　　余振林　　庞中秋　　熊学武
参编人员：雷学武　　宋胜峰　　阮红艳　　郑继军
吕少波　　陈国强　　李　琴　　张雪燕
雷新华　　叶　鹏　　陈　涛　　陈育红
耿　领　　白豪斌　　黄　锐　　杨胜男
卢　文　　闵力胜　　欧阳婵娟

WUHAN UNIVERSITY PRESS
武汉大学出版社

图书在版编目(CIP)数据

百姓的贴身法律顾问.婚姻家庭、民间借贷篇/谢定彪,王博主编.—武汉:武汉大学出版社,2018.9(2019.12 重印)
公共法律服务体系建设实践丛书
ISBN 978-7-307-20479-9

Ⅰ.百… Ⅱ.①谢… ②王… Ⅲ.①婚姻法—中国—问题解答 ②民间借贷—法律—中国—问题解答 Ⅳ.D920.5

中国版本图书馆 CIP 数据核字(2018)第 193288 号

责任编辑:张 欣　　责任校对:汪欣怡　　版式设计:汪冰滢

出版发行:**武汉大学出版社**　(430072 武昌 珞珈山)
(电子邮箱:cbs22@ whu.edu.cn 网址:www.wdp. com.cn)
印刷:武汉图物印刷有限公司
开本:880×1230 1/32　印张:7.75　字数:181 千字　插页:1
版次:2018 年 9 月第 1 版　2019 年 12 月第 3 次印刷
ISBN 978-7-307-20479-9　定价:19.88 元

序　言

习近平总书记强调，“全面推进依法治国，必须坚持全民守法”。人民是法治建设的主体，是法治国家的主人。只有人人参与的法治，才具有坚实的社会基础。推进全民守法，首先要增强全社会法治观念，推动形成自觉守法、办事依法、遇事找法、解决问题用法、化解矛盾靠法的良好社会氛围。

近年来，江汉区在市委、市政府的领导下，围绕全面推进法治国家、法治政府和法治社会一体建设，将公共法律服务作为总抓手，聚力提供优质高效的法律服务和法治保障，在推进高质量发展、更好满足人民群众对美好生活向往等方面作出了有益探索，取得了突出成效。2012 年，在全市率先为辖区所有社区一对一配备社区律师，至今惠及群众数十万人次；2013 年起开设普法讲堂，已举办 300 余场、受众逾十万人次；2014 年在辖区 56 所中小学普遍设立“校园法务室”，深化青少年普法阳光行动；2015 年，江汉区公共法律服务中心挂牌成立，整合法律服务资源，推动公益法律服务进社区、进企业、覆盖弱势群体，运用法治方式年均化解矛盾纠纷 4000 余件；2017 年以来，结合“红色引擎工程”，普遍建立社区律师微信群，在全区大力推进刑事辩护法律援助全覆盖和名优律师进社区等，特别是今年着力推进实现公共法律服务专员进所有社区“网格”，真正为人民群众提供触手可及、贴身不走、时刻在线的高品质法律服务。在持续推进公共法律服务的进程中，江汉区司法局积累了丰富实践经验、发掘了一批先进典型、形成了长效工作机制，这些既是司法行政法惠民生的鲜活素材，也是推动法治建设特别是深化普法工作的宝贵财富。

全民守法是维护法律尊严和权威，确保法律全面有效实施的关键所在，而学法知法懂法是全民守法的重要前提。为充分发挥这些典型案例在加大全民普法力度、加快创建一流法治城市中的重要作用，江汉区司法局精心组织优秀律师和学者编写了《公共法律服务体系建设实践丛书》，以更加贴近群众生活的语言和方式，当好读者的随身“顾问”和贴心“卫士”，帮助人民群众学法懂法守法用法，从而真正实现法润民心、法惠民生。

武汉市司法局党组书记、局长关太兵

目　　录

一、婚姻家庭篇

二、民间借贷篇

一、婚姻家庭篇

1. 结婚时双方签订的财产协议中关于"谁出轨，离婚时谁净身出户"等类似的"忠诚"条款，是否具有有效约束力？

【解答】

婚姻缔结双方均为完全民事行为能力人，且"谁出轨，离婚时谁净身出户"是双方真实意思表示，对违反协议的不利后果均都有能力去预见和面对，故该婚姻"忠诚"条款可视为双方在离婚时的财产分割协议，对双方都有法律约束力。但双方不得约定"谁提离婚谁净身出户"的"保婚"条款，因限制他人离婚自由，违反法律规定和公序良俗，则属于无效条款。

【法律依据】

《婚姻法》第十九条　夫妻可以约定婚姻关系存续期间所得的财产以及婚前财产归各自所有、共同所有或部分各自所有、部分共同所有。约定应当采用书面形式。没有约定或约定不明确的，适用本法第十七条、第十八条的规定。

夫妻对婚姻关系存续期间所得的财产以及婚前财产的约定，对双方具有约束力。

《民法总则》第一百三十六条　民事法律行为自成立时生效，但是法律另有规定或者当事人另有约定的除外。

行为人非依法律规定或者未经对方同意，不得擅自变更或者解除民事法律行为。

第一百四十三条　具备下列条件的民事法律行为有效：

（1）行为人具有相应的民事行为能力；

（2）意思表示真实；

（3）不违反法律、行政法规的强制性规定，不违背公序良俗。

2. 婚姻存续期间，一方出轨送给“小三”房产，另一方是否可以诉请其返还该房产？

【解答】

首先应确认夫妻之间是否存在有财产协议，其次如果没有财产协议，应区分其处分的是否为夫妻共同财产。如果一方处分夫妻共同财产的，则另一方可以要求“小三”返还房产。根据我国相关法律规定，夫或妻在处理夫妻共同财产上的权利是平等的。将夫妻共同财产擅自赠与他人一方面不属于日常生活所需，夫妻一方无权单独处理，另一方面他人接受赠与的财产并没有付出相应的对价，因此不属于有偿取得，不适用善意取得制度。因此，该赠与行为应认定为无效，夫妻另一方作为财产所有人和利害关系人有权要求受赠人全部返还该财产。

【法律依据】

《婚姻法》第十七条　夫妻在婚姻关系存续期间所得的下列财产，归夫妻共同所有：

(1)工资、奖金；

(2)生产、经营的收益；

(3)知识产权的收益；

(4)继承或赠与所得的财产，但本法第十八条第三项规定的除外；

(5)其他应当归共同所有的财产。

夫妻对共同所有的财产，有平等的处理权。

最高人民法院《关于适用〈中华人民共和国婚姻法〉若干问题的解释(一)》第十七条　婚姻法第十七条关于"夫或妻对夫妻共同所有的财产，有平等的处理权"的规定，应当理解为：

(1)夫或妻在处理夫妻共同财产上的权利是平等的。因日常生活需要而处理夫妻共同财产的，任何一方均有权决定。

(2)夫或妻非因日常生活需要对夫妻共同财产做重要处理决定，夫妻双方应当平等协商，取得一致意见。他人有理由相信其为夫妻双方共同意思表示的，另一方不得以不同意或不知道为由对抗善意第三人。

3. 夫妻一方个人欠的债务，要求另一方偿还，是否有法律依据？

【解答】

夫妻共同债务形成时要坚持"共债共签"原则，夫妻共同债务的认定要区分是否家庭日常生活所需。在夫妻未约定财产分别制或者虽约定但债权人不知道的情况下，夫妻一方以个人名义为日常家庭生活需要所负的债务，应当认定为夫妻共同债务。如果未举债的夫妻一方认为该债务不属于夫妻共同债务，应当承担相应的举证证明责任。如果债务并非用于家庭日常生活，原则上不作为共同债务，债权人主张的，需要举证证明。如果债权人不能证明夫妻一方超出家庭日常生活需要所负的债务用于上述夫妻共同生活、共同生产经营或者基于夫妻双方共同意思表示，则不能认定为夫妻共同债务。

【法律依据】

最高人民法院《关于审理涉及夫妻债务纠纷案件适用法律有关问题的解释》

第一条　夫妻双方共同签字或者夫妻一方事后追认等共同意思表示所负的债务，应当认定为夫妻共同债务。

第二条　夫妻一方在婚姻关系存续期间以个人名义为家庭日常生活需要所负的债务，债权人以属于夫妻共同债务为由主张权利的，人民法院应予支持。

第三条　夫妻一方在婚姻关系存续期间以个人名义超出家庭日常生活需要所负的债务，债权人以属于夫妻共同债务为由主张权利的，人民法院不予支持，但债权人能够证明该债务用于夫妻共同生活、共同生产经营或者基于夫妻双方共同意思表示的除外。

4. 与他人签订的代孕协议后，对方拒绝支付代孕报酬，代孕协议是否合法有效？

【解答】

对于代孕方而言，由于代孕协议违反了《民法总则》的相关规定，这导致了该协议的无效性，一旦出现纠纷，代孕方往往无法拿到约定的代孕报酬，而且也可能面临着极大的健康风险。无效的民事行为，从行为开始起就没有法律约束力，如果由于其行为导致了代孕人的人身权益的损害，代孕人可以主张侵权损害赔偿。

【法律依据】

《婚姻法》第二条 实行婚姻自由、一夫一妻、男女平等的婚姻制度。

保护妇女、儿童和老人的合法权益。

实行计划生育。

《民法总则》第一百五十三条 违反法律、行政法规的强制性规定的民事法律行为无效，但是该强制性规定不导致该民事法律行为无效的除外。

违背公序良俗的民事法律行为无效。

第一百五十七条 民事法律行为无效、被撤销或者确定不发生效力后，行为人因该行为取得的财产，应当予以返还；不能返还或者没有必要返还的，应当折价补偿。有过错的一方应当赔偿对方由此所受到的损失；各方都有过错的，应当各自承担相应的责任。法律另有规定的，依照其规定。

5. 如何认定家庭暴力？

【解答】

家庭暴力的形式主要包括身体暴力、冷暴力、性暴力等，通常发生在有血缘、婚姻、收养关系，生活在一起的家庭成员间。妇女和儿童是家庭暴力的主要受害者，有些中老年人、男性和残疾人也会成为家庭暴力的受害者。家庭暴力会造成死亡、重伤、轻伤、身体疼痛或精神痛苦。鉴于家庭暴力的隐蔽性，未成年子女所做的与其认知能力相适应的证言，可以作为家暴案件中的重要证据形式。对家庭暴力的界定，不仅仅限于发生在夫妻之间，对家庭其他成员实施的某些行为，也可以构成家庭暴力。家庭成员之间偶尔发生的争吵、打骂，不能一概作为家庭暴力来对待，暴力行为必须在客观上给对方造成一定的伤害后果，才能予以认定。

【法律依据】

最高人民法院《关于适用〈中华人民共和国婚姻法〉若干问题的解释(一)》第一条　婚姻法第三条、第三十二条、第四十三条、第四十五条、第四十六条所称的“家庭暴力”，是指行为人以殴打、捆绑、残害、强行限制人身自由或者其他手段，给其家庭成员的身体、精神等方面造成一定伤害后果的行为。持续性、经常性的家庭暴力，构成虐待。

《反家庭暴力法》第二条　本法所称家庭暴力，是指家庭成员之间以殴打、捆绑、残害、限制人身自由以及经常性谩骂、恐吓等方式实施的身体、精神等侵害行为。

6. 遭遇家庭暴力，如何申请人身安全保护令？

【解答】

申请人身安全保护措施应当由受害人向其经常居住地、加害人经常居住地或家庭暴力行为发生地的人民法院申请。通常情况下申请人应当以书面形式提出；紧急情况下，可以口头申请。原则上应由受害人本人申请，受害人因客观原因无法自行申请的，由受害人近亲属或其他相关组织代为申请。申请人身安全保护措施需要提供一定的证据，可以是受伤照片、报警证明、证人证言、社会机构的相关记录或证明、加害人保证书、加害人带有威胁内容的手机短信等。人民法院在受理申请后，应当在七十二小时内作出人身安全保护令或者驳回申请；情况紧急的，应当在二十四小时内作出。

【法律依据】

《反家庭暴力法》第二十四条　申请人身安全保护令应当以书面方式提出；书面申请确有困难的，可以口头申请，由人民法院记入笔录。

第二十五条　人身安全保护令案件由申请人或者被申请人居住地、家庭暴力发生地的基层人民法院管辖。

第二十六条　人身安全保护令由人民法院以裁定形式作出。

第二十七条　作出人身安全保护令，应当具备下列条件：

(1)有明确的被申请人；

(2)有具体的请求；

(3)有遭受家庭暴力或者面临家庭暴力现实危险的情形。

第二十八条　人民法院受理申请后，应当在七十二小时内作出人身安全保护令或者驳回申请；情况紧急的，应当在二十四小时内作出。

7. 申请人身安全保护令是否必须以离婚为前提，不离婚能否申请？申请后能如何保护受害人的权利？

【解答】

申请人身安全保护令不以离婚为前提，只要受害人总受家庭暴力或者面临家庭暴力的现实危险，就可以向人民法院申请人身安全保护令。人身安全保护令包括的措施有：禁止被申请人实施家庭暴力；禁止被申请人骚扰、跟踪、接触申请人及其相关近亲属；责令被申请人迁出申请人住所；保护申请人人身安全的其他措施。保护令作出时即生效，根据法律规定，被申请人违反人身安全保护令的，法院应当给予训诫，还可以根据情节轻重处以一千元以下罚款、十五日以下拘留。被申请人违反人身安全保护令，构成犯罪的，还会依法追究刑事责任。

【法律依据】

《反家庭暴力法》第二十三条　当事人因遭受家庭暴力或者面临家庭暴力的现实危险，向人民法院申请人身安全保护令的，人民法院应当受理。

第二十九条 人身安全保护令可以包括下列措施：

(1)禁止被申请人实施家庭暴力；

(2)禁止被申请人骚扰、跟踪、接触申请人及其相关近亲属；

(3)责令被申请人迁出申请人住所；

(4)保护申请人人身安全的其他措施。

第三十条 人身安全保护令的有效期不超过六个月，自作出之日起生效。人身安全保护令失效前，人民法院可以根据申请人的申请撤销、变更或者延长。

第三十二条 人民法院作出人身安全保护令后，应当送达申请人、被申请人、公安机关以及居民委员会、村民委员会等有关组织。人身安全保护令由人民法院执行，公安机关以及居民委员会、村民委员会等应当协助执行。

第三十四条 被申请人违反人身安全保护令，构成犯罪的，依法追究刑事责任；尚不构成犯罪的，人民法院应当给予训诫，可以根据情节轻重处以一千元以下罚款、十五日以下拘留。

8. 未婚男女双方已共同生活但未办结婚登记，可以请求返还彩礼吗？

【解答】

《婚姻法解释(二)》第10条第1款第(1)项规定的“双方未办理结婚登记手续”，并非针对双方已共同生活的情形；如果未婚男女双方确已共同生活但最终未能办理结婚登记手续，给付彩礼方请求返还彩礼，人民法院可以根据双方共同生活的时间、彩礼数额并结合当地风俗习惯等因素，确定是否返还及具体返还的数额。

【法律依据】

最高人民法院《关于适用〈中华人民共和国婚姻法〉若干问题的解释(二)》第十条　当事人请求返还按照习俗给付的彩礼的，如果查明属于以下情形，人民法院应当予以支持：

(1)双方未办理结婚登记手续的；

(2)双方办理结婚登记手续但确未共同生活的；

(3)婚前给付并导致给付人生活困难的。

适用前款第(2)、(3)项的规定，应当以双方离婚为条件。

9. 在结婚时因年龄未到法定婚龄而虚增年龄，事后一方当事人起诉要求离婚，以对方未达法定婚龄骗取结婚证的，婚姻是否无效？

【解答】

当事人虚增年龄骗取结婚证的，如一方起诉时，某一方或者双方仍未达法定婚龄，应宣告该婚姻无效。如一方起诉时，双方均已达法定婚龄，违法状态已消灭，应承认其婚姻效力，按一般离婚案件处理。

【法律依据】

最高人民法院《关于适用〈中华人民共和国婚姻法〉若干问题的解释(一)》第七条　有权依据婚姻法第十条规定向人民法院就已办理结婚登记的婚姻申请宣告婚姻无效的主体，包括婚姻当事人及利害关系人。利害关系人包括：

(1)以重婚为由申请宣告婚姻无效的，为当事人的近亲属及基层组织。

(2)以未到法定婚龄为由申请宣告婚姻无效的，为未达法定婚龄者的近亲属。

(3)以有禁止结婚的亲属关系为由申请宣告婚姻无效的，为当事人的近亲属。

(4)以婚前患有医学上认为不应当结婚的疾病，婚后尚未治愈为由申请宣告婚姻无效的，为与患病者共同生活的近亲属。

第八条　当事人依据婚姻法第十条规定向人民法院申请宣告婚姻无效的，申请时，法定的无效婚姻情形已经消失的，人民法院不予支持。

10. 结婚时，陪嫁财产属于女方的个人财产还是夫妻共同财产？

【解答】

我国许多地方的民间传统风俗习惯，女方娘家陪送的嫁妆，应为女方的婚前财产或属归女方所有的个人财产，而不是赠与夫妻双方共有的财产。在法律没有明确其性质的情况下，在审判实践中，离婚案件的当事人对该类财产的归属一般不持异议，认为女方陪嫁的财产就是其个人财产，男方购置财产就是男方的财产，这样处理比较符合风俗习惯，当事人容易接受，避免矛盾激化。

【法律依据】

《婚姻法》第十七条　夫妻在婚姻关系存续期间所得的下列财产，归夫妻共同所有：

(1)工资、奖金；

(2)生产、经营的收益；

(3)知识产权的收益；

(4)继承或赠与所得的财产，但本法第十八条第三项规定的除外；

(5)其他应当归共同所有的财产。

夫妻对共同所有的财产，有平等的处理权。

第十八条　有下列情形之一的，为夫妻一方的财产：

(1)一方的婚前财产；

(2)一方因身体受到伤害获得的医疗费、残疾人生活补助费等费用；

(3)遗嘱或赠与合同中确定只归夫或妻一方的财产；

(4)一方专用的生活用品；

(5)其他应当归一方的财产。

11. 夫妻一方父母婚前按揭买房，登记在自己子女名下，婚后夫妻共同还贷，该房产属于夫妻共同财产还是夫妻一方个人财产？

【解答】

如无约定，父母在双方婚前的买房行为属于对自己子女个人的赠与，并且该房产登记在自己子女名下，通常情况下房产应属于登记一方，婚后共同还贷支付的款项及其相对应财产增值部分由产权登记一方对另一方进行补偿。

【法律依据】

最高人民法院《关于适用〈中华人民共和国婚姻法〉若干问题的解释(二)》第二十二条 当事人结婚前，父母为双方购置房屋出资的，该出资应当认定为对自己子女的个人赠与，但父母明确表示赠与双方的除外。

当事人结婚后，父母为双方购置房屋出资的，该出资应当认定为对夫妻双方的赠与，但父母明确表示赠与一方的除外。

最高人民法院《关于适用〈中华人民共和国婚姻法〉若干问题的解释(三)》第十条 夫妻一方婚前签订不动产买卖合同，以个人财产支付首付款并在银行贷款，婚后用夫妻共同财产还贷，不动产登记于首付款支付方名下的，离婚时该不动产由双方协议处理。

依前款规定不能达成协议的，人民法院可以判决该不动产归产权登记一方，尚未归还的贷款为产权登记一方的个人债务。双方婚后共同还贷支付的款项及其相对应财产增值部分，离婚时应根据《婚姻法》第三十九条第一款规定的原则，由产权登记一方对另一方进行补偿。

12. 一方故意毁损家庭共同财产的，另一方是否可以要求赔偿？

【解答】

依照法律相关规定，对于共有财产，夫妻双方享有平等的处理权，一方毁损家庭共同财产的行为侵犯了另一方对共同财产的决定权。但由于夫妻之间的特殊关系，在婚姻关系存续期间即使发生一方破坏共同财产的情况，另一方也通常不会提出赔偿要求，但这不意味着此种行为就不具有可诉性。在起诉离婚时，可以要求对方进行赔偿。

【法律依据】

《婚姻法》第四十七条 离婚时，一方隐藏、转移、变卖、毁损夫妻共同财产，或伪造债务企图侵占另一方财产的，分割夫妻共同财产时，对隐藏、转移、变卖、毁损夫妻共同财产或伪造债务的一方，可以少分或不分。离婚后，另一方发现有上述行为的，可以向人民法院提起诉讼，请求再次分割夫妻共同财产。

人民法院对前款规定的妨害民事诉讼的行为，依照民事诉讼法的规定予以制裁。

《最高人民法院关于人民法院审理离婚案件处理财产分割问题的若干具体意见》第二十一条 一方将夫妻共同财产非法隐藏、转移拒不交出的，或非法变卖、毁损的，分割财产时，对隐藏、转移、变卖、毁损财产的一方，应予以少分或不分。具体处理时，应把隐藏、转移、变卖、毁损的财产作为隐藏、转移、变卖、毁损财产的一方分得的财产份额，对另一方的应得的份额应以其他夫妻共同财产折抵，不足折抵的，差额部分由隐藏、转移、变卖、毁损财产的一方折价补偿对方。对非法隐藏、转移、变卖、毁损夫妻共同财产的一方，人民法院可依照《中华人民共和国民事诉讼法》第一百零二条的规定进行处理。

13. 执行夫妻共同债务时是否会保护被执行夫妻双方的基本生存权益?

【解答】

最高人民法院在制定有关执行的司法解释、司法政策时，一直秉持“生存权高于债权”的基本理念。早在2005年施行的《最高人民法院关于人民法院民事执行中查封、扣押、冻结财产的规定》第五条、第六条就规定人民法院对被执行人及其所扶养家属生活所必需的衣服、家具、炊具、餐具及其他家庭生活必需的物品、生活必需费用、义务教育所需物品不得查封、扣押、冻结。对被执行人及其所扶养家属生活所必需的居住房屋，人民法院可以查封，但不得拍卖、变卖或者抵债。2015年施行的《最高人民法院关于人民法院办理执行异议和复议案件若干问题的规定》也明确了在保障被执行人基本居住权益的前提下，才能例外执行被执行人及所扶养家属的居住房屋。执行中均会依法保护夫妻另一方的基本生存权益。

【法律依据】

《最高人民法院关于人民法院办理执行异议和复议案件若干问题的规定》第二十条　金钱债权执行中，符合下列情形之一，被执行人以执行标的系本人及所扶养家属维持生活必需的居住房屋为由提出异议的，人民法院不予支持：

(1)对被执行人有扶养义务的人名下有其他能够维持生活必需的居住房屋的；

(2)执行依据生效后，被执行人为逃避债务转让其名下其他房屋的；

（3）申请执行人按照当地廉租住房保障面积标准为被执行人及所扶养家属提供居住房屋，或者同意参照当地房屋租赁市场平均租金标准从该房屋的变价款中扣除五至八年租金的。

执行依据确定被执行人交付居住的房屋，自执行通知送达之日起，已经给予三个月的宽限期，被执行人以该房屋系本人及所扶养家属维持生活的必需品为由提出异议的，人民法院不予支持。

14. 以夫妻名义共同生活但未办理结婚登记，育有一子，双方感情破裂，应该如何处理财产问题和孩子抚养问题？

【解答】

我国目前法律并不承认事实婚姻，未办理婚姻登记手续即以夫妻名义同居生活，其婚姻关系不属于合法夫妻关系，而属于同居关系。双方感情破裂的，按照解除非法同居关系处理，同居关系与婚姻关系非常接近，除了结婚证外，几乎没有区别。但在起诉同居析产的情况下，同居关系的处理与婚姻关系有着不小的区别。同居关系析产则是以财产取得方式确定产权，同居生活期间双方共同所得的收入和购置的财产，按一般共有财产处理。但在子女抚养问题的处理上与婚生子女并无差别。

【法律依据】

《关于人民法院审理未办结婚登记而以夫妻名义同居生活案件的若干意见》第九条　解除非法同居关系时，双方所生的非婚生子女，由哪一方抚养，双方协商，协商不成时，应根据子女的利益和双方的具体情况判决，哺乳期内的子女，原则上应由母方抚养，如父方条件好，母方同意，也可由父方抚养，子女为限制民事行为能力人的，应征求子女本人的意见，一方将未成年的子女送他人收养，须征得另一方的同意。

第十条　解除非法同居关系时，同居生活期间双方共同所得的收入和购置的财产，按一般共有财产处理，同居生活前，一方自愿赠送给对方的财物可比照赠与关系处理；一方向另一方索取的财物，可参照最高人民法院(84)法办字第112号《关于贯彻执行民事政策法律若干问题的意见》第(18)条规定的精神处理。

15. 一方的婚前个人房产在婚后出租产生的收益，属于一方的个人财产还是夫妻共同财产？

【解答】

一方个人财产在婚后产生的收益，除孳息和自然增值外应认定为夫妻共同财产，孳息是指因物或权利而产生的收益，包括天然孳息和法定孳息，租金属于法定孳息的一种，通常情况下都会认定为一方的财产，但租金的获取与房屋本身的管理状况密切相连，需要投入一定的管理或劳务，如果另一方能提供证据证明其对该房产出租进行过管理或提供了劳务，则租金收益也可能会被认定为夫妻共同财产。

【法律依据】

最高人民法院《关于适用〈中华人民共和国婚姻法〉若干问题的解释(二)》第十一条　婚姻关系存续期间，下列财产属于婚姻法第十七条规定的“其他应当归共同所有的财产”：

(1)一方以个人财产投资取得的收益；

(2)男女双方实际取得或者应当取得的住房补贴、住房公积金；

(3)男女双方实际取得或者应当取得的养老保险金、破产安置补偿费。

最高人民法院《关于适用〈中华人民共和国婚姻法〉若干问题的解释(三)》第五条　夫妻一方个人财产在婚后产生的收益，除孳息和自然增值外，应认定为夫妻共同财产。

16. 一方婚前购买的股票，在婚后增值的，离婚时另一方是否可以请求分割股票增值部分？

【解答】

一方在婚前购买的股票，在婚后增值的部分是否能够予以分割，应区分增值部分是否属于夫妻共同财产。因为股票的增值往往需要夫妻一方投入大量的时间与精力，这意味着夫妻中的另一方在其他方面有更多的付出，比如子女的养育、家庭日常开支的赚取，故不宜将增值部分单纯认定为孳息，所以如果在婚后没有进行买进与卖出的操作，离婚时的账面收益更倾向于认定为自然增值，不应予以分割。而如果在婚姻关系存续期间对该股票进行了交易，其收益应认定为夫妻共同财产，则可以请求分割。

【法律依据】

最高人民法院《关于适用〈中华人民共和国婚姻法〉若干问

题的解释(二)》第十一条　婚姻关系存续期间，下列财产属于婚姻法第十七条规定的“其他应当归共同所有的财产”：

(1)一方以个人财产投资取得的收益；

(2)男女双方实际取得或者应当取得的住房补贴、住房公积金；

(3)男女双方实际取得或者应当取得的养老保险金、破产安置补偿费。

最高人民法院《关于适用〈中华人民共和国婚姻法〉若干问题的解释(三)》第五条　夫妻一方个人财产在婚后产生的收益，除孳息和自然增值外，应认定为夫妻共同财产。

17. 婚姻关系存续期间，一方将婚前个人房产赠与给另一方，但未办理过户登记，后双方感情破裂起诉离婚，赠与房产的一方反悔主张撤销赠与，另一方主张继续履行赠与合同，没过户是否可以撤销赠与？

【解答】

是否能够撤销应区分该赠与是将该房产约定为夫妻共同财产还是个人财产，如果约定为夫妻一方的个人财产则属于“夫妻财产约定”，可以适用《婚姻法》第19条的规定，无须物权变动即产生法律效力；如果夫妻之间约定一方的个人财产归另一方所有的，就认定为“夫妻房产赠与”，适用《婚姻法解释(三)》第6条的规定，过户或公证之前一方具有任意撤销权。将一方所有的房产赠与另一方，以登记发生物权效力。办理物权转移登记的，房产的权属发生转移；尚未办理物权转移登记的，赠与方可依《合同法》的规定撤销赠与。

【法律依据】

《婚姻法》第十九条　夫妻可以约定婚姻关系存续期间所得的财产以及婚前财产归各自所有、共同所有或部分各自所有、部分共同所有。约定应当采用书面形式。没有约定或约定不明确的，适用本法第十七条、第十八条的规定。

夫妻对婚姻关系存续期间所得的财产以及婚前财产的约定，对双方具有约束力。

夫妻对婚姻关系存续期间所得的财产约定归各自所有的，夫或妻一方对外所负的债务，第三人知道该约定的，以夫或妻一方所有的财产清偿。

最高人民法院《关于适用〈中华人民共和国婚姻法〉若干问题的解释(二)》第六条　婚前或者婚姻关系存续期间，当事人约定将一方所有的房产赠与另一方，赠与方在赠与房产变更登记之前撤销赠与，另一方请求判令继续履行的，人民法院可以按照《合同法》第一百八十六条的规定处理。

18. 一方伪造身份信息与他人登记结婚后，两人感情不和，提供真实身份信息一方请求解除婚姻关系的，应如何处理？

【解答】

伪造身份信息与他人登记结婚后，提供真实身份信息一方请求解除婚姻关系时，法院应准予其离婚。提供真实身份信息一方向人民法院起诉请求解除婚姻关系的，人民法院应当将其作为离婚纠纷立案受理；伪造身份信息一方在事情败露后下落不明的，经法院公告送达开庭传票后仍未到庭参加诉讼的，因缺乏调解基础，也可判决准予离婚。

【法律依据】

《婚姻法》第三十二条　男女一方要求离婚的，可由有关部门进行调解或直接向人民法院提出离婚诉讼。

人民法院审理离婚案件，应当进行调解；如感情确已破裂，调解无效，应准予离婚。

有下列情形之一，调解无效的，应准予离婚：

(1) 重婚或有配偶者与他人同居的；

(2) 实施家庭暴力或虐待、遗弃家庭成员的；

(3) 有赌博、吸毒等恶习屡教不改的；

(4) 因感情不和分居满二年的；

(5) 其他导致夫妻感情破裂的情形。

一方被宣告失踪，另一方提出离婚诉讼的，应准予离婚。

19. 分居满两年会自动离婚吗？如何判断双方“感情确已破裂”？

【解答】

分居满两年不会自动离婚。结婚需要办理登记，离婚自然也需要办理登记或去法院判决，不可能存在自动离婚。双方因感情不和分居两年或两年以上的离婚案件，如何判断“感情确已破裂”是审理的关键。针对双方因感情不和分居两年或两年以上的离婚案件，应具体从以下几个方面认定双方“感情确已破裂”：一是从婚后感情来看，双方性格差异较大，在共同生活期间矛盾较多，因此二人的感情生活受到很大影响，并逐年恶化；二是从夫妻关系的现状来看，双方因感情不和已分居两年或两年以上，且该期间很少接触；三是从一方的离婚决心来看，一方不止一次向法院提出离婚诉讼，且法院试图调解和好均失败。综合以上因素，可以认定双方符合《婚姻法》第三十二条第三款列举的应准予离婚的五种情形中的“双方因感情不和分居两年”的规定，应当准予离婚。

【法律依据】

《婚姻法》第三十一条　男女双方自愿离婚的，准予离婚。双方必须到婚姻登记机关申请离婚。婚姻登记机关查明双方确实是自愿并对子女和财产问题已有适当处理时，发给离婚证。

第三十二条　男女一方要求离婚的，可由有关部门进行调解或直接向人民法院提出离婚诉讼。

人民法院审理离婚案件，应当进行调解；如感情确已破裂，调解无效，应准予离婚。

20. 结婚以后患精神病，精神病患者应该如何离婚？

【解答】

夫妻关系存续期间，夫或妻一方可能会因疾病或外力损伤而出现无民事行为能力或限制民事行为能力状态。一般人的离婚可以通过协商、诉讼等多种方式解决，但对于这一类特殊的人群，他们的离婚只能通过诉讼来解决。无民事行为能力人属于无法表达真实意思的人。在离婚案件中，无民事行为能力人无论是作为原告还是被告，其第一顺序监护人系配偶，为了保护无民事行为能力人的权益，应由除其配偶外的其他监护人变更监护关系后，再代为提起离婚诉讼。

【法律依据】

最高人民法院《关于适用〈中华人民共和国婚姻法〉若干问题的解释（三）》第八条　无民事行为能力人的配偶有虐待、遗弃等严重损害无民事行为能力一方的人身权利或者财产权益行为，其他有监护资格的人可以依照特别程序要求变更监护关系；变更后的监护人代理无民事行为能力一方提起离婚诉讼的，人民法院应予受理。

《民法总则》第二十八条　无民事行为能力或者限制民事行为能力的成年人，由下列有监护能力的人按顺序担任监护人：

（1）配偶；

（2）父母、子女；

（3）其他近亲属；

（4）其他愿意担任监护人的个人或者组织，但是须经被监护人住所地的居民委员会、村民委员会或者民政部门同意。

21. 婚姻期间，一方因犯罪入狱，另一方如何与服刑人员办理离婚？

【解答】

离婚可以采取两种方式：一种是去婚姻登记地的民政局自愿

离婚，即协议离婚；另一种是去法院通过诉讼方式离婚，即诉讼离婚。对于服刑人员，由于人身自由受到限制，无法亲自到民政局办理离婚，则只能通过诉讼离婚的方式。对被监禁的人提起的离婚诉讼，由原告住所地法院管辖。一般情况下，立案后，法官会选定时间前往监狱开庭。如果服刑人员同意离婚，并且对子女抚养问题和财产分割没有异议，可以达成调解协议，由法院制作民事调解书，双方解除婚姻关系。

【法律依据】

《民事诉讼法》第二十二条　下列民事诉讼，由原告住所地人民法院管辖；原告住所地与经常居住地不一致的，由原告经常居住地人民法院管辖：

(1)对不在中华人民共和国领域内居住的人提起的有关身份关系的诉讼；

(2)对下落不明或者宣告失踪的人提起的有关身份关系的诉讼；

(3)对被采取强制性教育措施的人提起的诉讼；

(4)对被监禁的人提起的诉讼。

最高人民法院《关于人民法院审理离婚案件如何认定夫妻感情确已破裂的若干具体意见》　判断夫妻感情是否确已破裂，应当从婚姻基础、婚后感情、离婚原因、夫妻关系的现状和有无和好的可能等方面综合分析。根据婚姻法的有关规定和审判实践经验，凡属下列情形之一的，视为夫妻感情确已破裂。一方坚决要求离婚，经调解无效，可依法判决准予离婚。

11. 一方被依法判处长期徒刑，或其违法，犯罪行为严重伤害夫妻感情的。

22. 人民法院审理离婚案件，被告无正当理由拒不到庭，如感情确已破裂，能否缺席判决准予离婚?

【解答】

我国《婚姻法》规定，人民法院审理离婚案件，应当进行调解。离婚案件中的被告经传票传唤无正当理由拒不到庭应诉或下落不明经公告未到庭的，则无法适用调解程序。人民法院判决准许离婚的标准是夫妻感情确已破裂。《婚姻法》关于调解作为判决离婚前置程序的规定并未排除人民法院受理后经审查，如果可以认定夫妻感情确已破裂的，可以缺席判决。在被告经合法传唤无正当理由拒不到庭或经公告下落不明时，采取缺席判决的诉讼程序。但是，离婚诉讼是涉及双方当事人身份关系的纠纷，如果一方当事人未到庭应诉，对于人民法院正确审查双方的感情是否确已破裂会增加一定的难度。

【法律依据】

《婚姻法》第三十二条　男女一方要求离婚的，可由有关部门进行调解或直接向人民法院提出离婚诉讼。

人民法院审理离婚案件，应当进行调解；如感情确已破裂，调解无效，应准予离婚。

《民事诉讼法》第一百四十四条　被告经传票传唤，无正当理由拒不到庭的，或者未经法庭许可中途退庭的，可以缺席判决。

23. 夫妻离婚，怀疑小孩不是亲生的，但一方不让小孩做亲子鉴定，怎么办？

【解答】

离婚诉讼中，如果通过鉴定机构鉴定，应选择有司法鉴定许可证的机构，否则非法鉴定机构出具的鉴定意见不会被法院认可，但亲子鉴定以自愿为原则，如果一方不让小孩做亲子鉴定，法院可以根据当事人的态度进行推定。一方在提出亲子鉴定的，又提供必要证据的，如受孕期间的推算、分娩期与婚期不符，父母与子女血型不符等客观事实或者具有科学依据的化验结果，但另一方不能提供证据予以反驳又不同意亲子鉴定的，可以推定不具有亲子关系。

【法律依据】

最高人民法院《关于适用〈中华人民共和国婚姻法〉若干问题的解释(三)》第二条　夫妻一方向人民法院起诉请求确认亲子关系不存在，并已提供必要证据予以证明，另一方没有相反证据又拒绝做亲子鉴定的，人民法院可以推定请求确认亲子关系不存在一方的主张成立。

当事人一方起诉请求确认亲子关系，并提供必要证据予以证明，另一方没有相反证据又拒绝做亲子鉴定的，人民法院可以推定请求确认亲子关系一方的主张成立。

24. 夫妻关系存续期间，双方一致同意利用他人的精子进行人工授精并使女方受孕后，男方反悔，而女方坚持生出该子女的，是否视为夫妻双方的婚生子女？

【解答】

人工授精生育子女，法律上称为辅助生殖技术，是指已婚夫妻借用现代生物技术，通过非自然的性行为怀孕所生育的子女，根据授精方法的不同，可分为同质授精所生子女和异质授精所生子女两种。所谓“同质授精”，是采用人工授精方式，将丈夫的精子植入妻子子宫内，“异质授精”是将非丈夫的精子植入妻子子宫内。实施人类辅助生育技术，应当在医疗机构中进行，以医疗为目的，并符合国家计划生育政策、伦理原则和有关法律法规的规定，凡符合法律规定的人工授精子女，应享有婚生子女同等的法律地位。

【法律依据】

《最高人民法院关于夫妻离婚后人工授精所生子女的法律地位如何确定的复函》 在夫妻关系存续期间，双方一致同意进行人工授精，所生子女应视为夫妻双方的婚生子女，父母子女之间权利义务关系适用《中华人民共和国婚姻法》的有关规定。

《人类辅助生殖技术管理办法》第二十四条 人工授精是指用人工方式将精液注入女性体内以取代性交途径使其妊娠的一种方法。根据精液来源不同，分为丈夫精液人工授精和供精人工授精。

25. 一方婚前承租的公房，离婚时如何分割？

【解答】

一方婚前承租的公房，在离婚时应先根据《最高人民法院关于审理离婚案件中公房使用、承租若干问题的解答》的规定区分双方是否均可承租，如果均可承租则要考虑以下四个方面：一、照顾抚养子女的一方；二、男女双方在同等条件下，照顾女方；三、照顾残疾或生活困难的一方；四、照顾无过错一方。

【法律依据】

《最高人民法院关于审理离婚案件中公房使用、承租若干问题的解答》　二、问：夫妻共同居住的公房，在什么情况下，离婚双方均可承租？

答：夫妻共同居住的公房，具有下列情形之一的，离婚后，双方均可承租：

(1)婚前由一方承租的公房，婚姻关系存续5年以上的；

(2)婚前一方承租的本单位的房屋，离婚时，双方均为本单位职工的；

(3)一方婚前借款投资建房取得的公房承租权，婚后夫妻共同偿还借款的；

(4)婚后一方或双方申请取得公房承租权的；

(5)婚前一方承租的公房，婚后因该承租房屋拆迁而取得房屋承租权的；

(6)夫妻双方单位投资联建或联合购置的共有房屋的；

(7)一方将其承租的本单位的房屋，交回本单位或交给另一方单位后，另一方单位另给调换房屋的；

(8)婚前双方均租有公房，婚后合并调换房屋的；

(9)其他应当认定为夫妻双方均可承租的情形。

三、问：对夫妻双方均可承租的公房，应依照什么原则处理？

答：对夫妻双方均可承租的公房，应依照下列原则予以处理：

(1)照顾抚养子女的一方；

(2)男女双方在同等条件下，照顾女方；

(3)照顾残疾或生活困难的一方；

(4)照顾无过错一方。

26. 离婚时，双方共同投资经营合伙企业，但只由一方经营，非合伙人一方要求分割合伙企业中夫妻共同财产的份额，应如何处理？

【解答】

如果夫妻双方共同投资成立合伙企业，而由一方经营管理，离婚时对企业财产的分割，可以采用转让份额的方式，即经双方协商同意由一方继续经营企业，企业财产评估后夫妻一方将应得的合伙企业份额转让给另一方所有，另一方给予补偿；如果夫妻双方决定不再经营合伙企业，也可以解散合伙企业，对合伙企业财产进行分割。

【法律依据】

最高人民法院《关于适用〈中华人民共和国婚姻法〉若干问题的解释(二)》第十七条　人民法院审理离婚案件，涉及分割夫妻共同财产中以一方名义在合伙企业中的出资，另一方不是该企业合伙人的，当夫妻双方协商一致，将其合伙企业中的财产份额全部或者部分转让给对方时，按以下情形分别处理：

(1)其他合伙人一致同意的，该配偶依法取得合伙人地位；

(2)其他合伙人不同意转让，在同等条件下行使优先受让权的，可以对转让所得的财产进行分割；

(3)其他合伙人不同意转让，也不行使优先受让权，但同意该合伙人退伙或者退还部分财产份额的，可以对退还的财产进行分割；

(4)其他合伙人既不同意转让，也不行使优先受让权，又不同意该合伙人退伙或者退还部分财产份额的，视为全体合伙人同意转让，该配偶依法取得合伙人地位。

27. 离婚时，一方是否可以以双方没有共同生活为由请求返还彩礼，应如何确定具体的返还彩礼数额？是否有诉讼时效限制？

【解答】

根据法律规定，如果双方办理结婚登记但确未共同生活，可以请求返还彩礼，彩礼应返还多少尚没有明确法律条文进行详细规定，一般是根据双方婚姻维持时间长短，还有双方的过错确定。另外请求返还彩礼适用普通的诉讼时效，期间为三年，自其解除婚姻关系之日起计算，而不是以赠送彩礼或者结婚之日起算。

【法律依据】

最高人民法院《关于适用〈中华人民共和国婚姻法〉若干问题的解释(二)》第十条 当事人请求返还按照习俗给付的彩礼的，如果查明属于以下情形，人民法院应当予以支持：

(1)双方未办理结婚登记手续的；

(2)双方办理结婚登记手续但确未共同生活的；

(3)婚前给付并导致给付人生活困难的。

适用前款第(2)、(3)项的规定，应当以双方离婚为条件。

最高人民法院《关于人民法院审理离婚案件处理财产分割问题的若干具体意见》第五条 已登记结婚，尚未共同生活，一方或双方受赠的礼金、礼物应认定为夫妻共同财产，具体处理时应考虑财产来源、数量等情况合理分割。各自出资购置、各自使用的财物，原则上归各自所有。

第十九条 借婚姻关系索取的财物，离婚时，如结婚时间不长，或者因索要财物造成对方生活困难的，可酌情返还。

对取得财物的性质是索取还是赠与难以认定的，可按赠与处理。

《民法总则》第一百八十八条 向人民法院请求保护民事权利的诉讼时效期间为三年。法律另有规定的，依照其规定。

诉讼时效期间自权利人知道或者应当知道权利受到损害以及义务人之日起计算。法律另有规定的，依照其规定。但是自权利受到损害之日起超过二十年的，人民法院不予保护；有特殊情况的，人民法院可以根据权利人的申请决定延长。

28. 在离婚协议中约定将夫妻共同共有的房产赠与未成年子女，但并未及时将房产登记进行变更，夫妻一方反悔，其子女是否还能取得该房产？

【解答】

在离婚协议中双方将共同财产赠与未成年子女的约定与解除婚姻关系、子女抚养、共同财产分割、共同债务清偿、离婚损害赔偿等内容互为前提、互为结果，构成了一个整体，在婚姻关系已经解除且不可逆的情况下，仅夫妻一方反悔并不能撤销赠与，其子女仍有权取得该房产。

【法律依据】

《合同法》第一百八十六条　赠与人在赠与财产的权利转移之前可以撤销赠与。

具有救灾、扶贫等社会公益、道德义务性质的赠与合同或者经过公证的赠与合同，不适用前款规定。

《合同法》第一百八十八条　具有救灾、扶贫等社会公益、道德义务性质的赠与合同或者经过公证的赠与合同，赠与人不交付赠与的财产的，受赠人可以要求交付。

29. 协议离婚后，才发现对方有婚外情，并育有一子。离婚后是否可以请求出轨者赔偿精神损害赔偿金？

【解答】

婚姻关系存续期间，与他人有不正当男女关系的行为，导致离婚，应该承担相应的民事赔偿责任，该民事责任包括精神损害赔偿。但应在办理离婚登记手续一年内提出。

【法律依据】

《婚姻法》第四条十六条 有下列情形之一，导致离婚的，无过错方有权请求损害赔偿：

(1) 重婚的；

(2) 有配偶者与他人同居的；

(3) 实施家庭暴力的；

(4) 虐待、遗弃家庭成员的。

最高人民法院《关于适用〈中华人民共和国婚姻法〉若干问题的解释(一)》第二十八条 婚姻法第四十六条规定的“损害赔偿”，包括物质损害赔偿和精神损害赔偿。涉及精神损害赔偿的，适用最高人民法院《关于确定民事侵权精神损害赔偿责任若干问题的解释》的有关规定。

最高人民法院《关于适用〈中华人民共和国婚姻法〉若干问题的解释(二)》第二十七条 当事人在婚姻登记机关办理离婚登记手续后，以婚姻法第四十六条规定为由向人民法院提出损害赔偿请求的，人民法院应当受理。但当事人在协议离婚时已经明确表示放弃该项请求，或者在办理离婚登记手续一年后提出的，不予支持。

30. 夫妻离婚后，直接抚养小孩一方阻挠非直接抚养一方探望小孩，怎么办?

【解答】

探望权是不直接抚养方基于父母子女身份关系享有的与未成年

子女探望、联系、会面、交往、短期共同生活的法定权利。如果一方阻扰，另一方可向法院起诉，双方对探望权的具体时间和方式有不同意见，法院会考虑在不影响子女的正常生活，又要增加子女与父母之间的沟通交流、减轻子女因父母解除婚姻关系而带来的家庭破碎感以及既有利于子女今后身心健康成长，又能维护非直接抚养一方合法权利的原则下进行审理，对探望权纠纷的判决可申请强制执行。

【法律依据】

《婚姻法》第三十八条　离婚后，不直接抚养子女的父或母，有探望子女的权利，另一方有协助的义务。

行使探望权利的方式、时间由当事人协议；协议不成时，由人民法院判决。

父或母探望子女，不利于子女身心健康的，由人民法院依法中止探望的权利；中止的事由消失后，应当恢复探望的权利。

《婚姻法》第四十八条　对拒不执行有关扶养费、抚养费、赡养费、财产分割、遗产继承、探望子女等判决或裁定的，由人民法院依法强制执行。有关个人和单位应负协助执行的责任。

31. 夫妻一方患病导致残疾，另一方由于不愿意长期照顾决意离婚，而患病一方坚决不同意离婚，夫妻之间是否应履行帮扶义务？是否可以离婚，离婚时是否可以主张多分财产？

【解答】

夫妻一方患病一方坚决离婚，不仅仅是一个道德问题，夫妻之间的扶养义务更是法定义务，有扶养能力的一方必须自觉履行这一义务。婚姻存续期间，一方对另一方不尽扶养义务，另一方可以起诉要求给付扶养费用的。但一方仅因一方患病而坚决要求离婚的，法院不会支持，但经法院审理，确实认定双方感情已经破裂的，仍旧可以离婚，但在离婚的时候，一方确实生活困难，可以适当给予帮助。

【法律依据】

《婚姻法》第二十条　夫妻有互相扶养的义务。一方不履行扶养义务时，需要扶养的一方，有要求对方付给扶养费的权利。

第三十二条　人民法院审理离婚案件，应当进行调解；如感情确已破裂，调解无效，应准予离婚。

有下列情形之一，调解无效的，应准予离婚：

(1)重婚或有配偶者与他人同居的；

(2)实施家庭暴力或虐待、遗弃家庭成员的；

(3)有赌博、吸毒等恶习屡教不改的；

(4)因感情不和分居满二年的；

(5)其他导致夫妻感情破裂的情形。

第四十二条　离婚时，如一方生活困难，另一方应从其住房等个人财产中给予适当帮助。具体办法由双方协议；协议不成时，由人民法院判决。

32. 诉讼离婚后，一方发现另一方在离婚时有隐藏财产，是否可以向法院起诉，请求重新分割财产？是否存在诉讼时效的问题？

【解答】

离婚后如一方有证据能够证明另一方在离婚时对财产有所隐

瞒，且涉案财产系在当事人双方婚姻存续期间用夫妻共同财产购买的，则应认定为夫妻共同财产，并依法进行了分割。同时，对于隐瞒财产的分割比例问题，需要法院依据过错大小、具体案情等综合认定，对于隐匿财产的一方依法应少分。对于离婚时漏分夫妻共同财产，请求再次分割夫妻共同财产的诉讼时效为三年，从发现或应当发现漏分财产之次日起计算。

【法律依据】

《婚姻法》第四十七条　离婚时，一方隐藏、转移、变卖、毁损夫妻共同财产，或伪造债务企图侵占另一方财产的，分割夫妻共同财产时，对隐藏、转移、变卖、毁损夫妻共同财产或伪造债务的一方，可以少分或不分。离婚后，另一方发现有上述行为的，可以向人民法院提起诉讼，请求再次分割夫妻共同财产。

《民法总则》第一百八十八条　向人民法院请求保护民事权利的诉讼时效期间为三年。法律另有规定的，依照其规定。

诉讼时效期间自权利人知道或者应当知道权利受到损害以及义务人之日起计算。法律另有规定的，依照其规定。但是自权利受到损害之日起超过二十年的，人民法院不予保护；有特殊情况的，人民法院可以根据权利人的申请决定延长。

33. 父亲有家暴行为，在离婚诉讼中，小孩(已满10周岁)表示愿意由父亲抚养，母亲坚持表示父亲的家暴行为并不利于小孩成长，法院是否会按照小孩的意愿判决？

【解答】

如果离婚案件中不涉及家庭暴力问题，法院通常将年满10周岁的未成年子女的意见作为确认由谁直接抚育子女的重要考量因素，但如果案件涉及家庭暴力，则家庭暴力会成为确认未成年子女直接抚育权归属的首要考量因素。未成年人对事务的认知能力相对于成年人来说毕竟有缺陷，他们可能因为各种原因而不知道如何选择才符合自己的最大利益。法院通常会从子女利益最大化的角度出发，而不一定完全会按照小孩的个人意愿。

【法律依据】

最高人民法院《关于人民法院审理离婚案件处理子女抚养问题的若干具体意见》第三条 对两周岁以上未成年的子女，父方和母方均要求随其生活，一方有下列情形之一的，可予优先考虑：

(1)已做绝育手术或因其他原因丧失生育能力的；

(2)子女随其生活时间较长，改变生活环境对子女健康成长明显不利的；

(3)无其他子女，而另一方有其他子女的；

(4)子女随其生活，对子女成长有利，而另一方患有久治不愈的传染性疾病或其他严重疾病，或者有其他不利于子女身心健康的情形，不宜与子女共同生活的。

第十条 父母双方对十周岁以上的未成年子女随父或随母生活发生争执的，应考虑该子女的意见。

34. 父母离婚后，一方再婚，小孩姓氏改为继母或继父姓氏的，一方以此为由不愿意再支付抚养费，是否可以要求其继续支付抚养费？

【解答】

离婚后父母双方引起对原生子女的姓氏争执的，由于父母与子女的血亲关系并不因父母离婚而消灭，故在离婚后不论子女随父或随母抚养，均不会改变父母对原生子女依法律所应负担的抚养责任。但抚养子女的一方，擅自将子女姓氏变更为继父或继母姓氏的，可以要求恢复子女原姓氏，但年满10周岁的未成年子女，可以对自己的姓氏作出选择，有决定自己姓名的权利。

【法律依据】

最高人民法院《关于人民法院审理离婚案件处理子女抚养问题的若干具体意见》第十九条　父母不得因子女变更姓氏而拒付子女抚育费。父或母一方擅自将子女姓氏改为继母或继父姓氏而引起纠纷的，应责令恢复原姓氏。

公安部关于父母离婚后子女姓名变更有关问题的批复(公治[2002]74号)　根据最高人民法院《关于变更子女姓氏问题的复函》([81]法民字第11号)的有关精神，对于离婚双方未经协商或协商未达成一致意见而其中一方要求变更子女姓名的，公安机关可以拒绝受理；对一方因向公安机关隐瞒离婚事实，而取得子女姓名变更的，若另一方要求恢复子女原姓名且离婚双方协商不成，公安机关应予恢复。

35. 夫妻一方独揽财政大权，另一方急需用钱，不离婚是否可以请求分割夫妻共同财产?

【解答】

在一定情形下，一方因种种复杂的因素不想离婚，或者在起诉离婚后被法院判决不准离婚，法律也允许夫妻一方在婚姻关系存续期间为保护自己财产权利而对夫妻共同财产进行分割，如持有或控制夫妻共同财产的一方，私自对夫妻共同财产进行转移、变卖，为了赌博、吸毒而单独处分共同财产等。现行《物权法》允许共同共有人在特殊情况下请求分割共有物，同时还要保持共有关系。但是，在不解除婚姻关系的前提下对夫妻共同财产予以分割只是一种例外，必须具有“重大理由”。

【法律依据】

最高人民法院《关于适用〈中华人民共和国婚姻法〉若干问题的解释(三)》第四条 婚姻关系存续期间，夫妻一方请求分割共同财产的，人民法院不予支持，但有下列重大理由且不损害债权人利益的除外：

(1)一方有隐藏、转移、变卖、毁损、挥霍夫妻共同财产或者伪造夫妻共同债务等严重损害夫妻共同财产利益行为的；

(2)一方负有法定扶养义务的人患重大疾病需要医治，另一方不同意支付相关医疗费用的。

《物权法》第九十九条 共有人约定不得分割共有的不动产或者动产，以维持共有关系的，应当按照约定，但共有人有重大理由需要分割的，可以请求分割；没有约定或者约定不明确的，按份共有人可以随时请求分割，共同共有人在共有的基础丧失或者有重大理由需要分割时可以请求分割。因分割对其他共有人造成损害的，应当给予赔偿。

36. 一方出轨，在不离婚的情况下，是否可以向对方主张精神损害赔偿？如果不能，主张精神损害赔偿应该在什么时候提出？

【解答】

无过错方不起诉离婚或者当事人的离婚诉讼请求没有被法院支持，都无法主张精神损害赔偿。主张精神损害赔偿的如果无过错方作为原告的，该项请求必须在离婚诉讼同时提出。由于人民法院审理之前已将相关权利义务告知过了，原告不提出请求的，视为其对自己权利的放弃，以后也丧失了依据第四十六条规定请求赔偿的权利。如果无过错方作为被告的，其不同意离婚也不基于该条规定提起损害赔偿请求的，可以在离婚后一年内单独提出。如果其在一审时未提而二审时提出的，人民法院调解不成的，告知当事人可以就此问题在离婚后一年内另行起诉，以充分保护当事人的权利。

【法律依据】

最高人民法院《关于适用〈中华人民共和国婚姻法〉若干问题的解释(一)》第二十九条　承担婚姻法第四十六条规定的损害赔偿责任的主体，为离婚诉讼当事人中无过错方的配偶。

人民法院判决不准离婚的案件，对于当事人基于婚姻法第四十六条提出的损害赔偿请求，不予支持。

在婚姻关系存续期间，当事人不起诉离婚而单独依据该条规定提起损害赔偿请求的，人民法院不予受理。

第三十条　人民法院受理离婚案件时，应当将婚姻法第四十六条等规定中当事人的有关权利义务，书面告知当事人。在适用婚姻法第四十六条时，应当区分以下不同情况：

(1)符合婚姻法第四十六条规定的无过错方作为原告基于该条规定向人民法院提起损害赔偿请求的，必须在离婚诉讼的同时提出。

(2)符合婚姻法第四十六条规定的无过错方作为被告的离婚诉讼案件，如果被告不同意离婚也不基于该条规定提起损害赔偿请求的，可以在离婚后一年内就此单独提起诉讼。

(3)无过错方作为被告的离婚诉讼案件，一审时被告未基于婚姻法第四十六条规定提出损害赔偿请求，二审期间提出的，人民法院应当进行调解，调解不成的，告知当事人在离婚后一年内另行起诉。

37. 张某与李某于1989年登记结婚，婚后生一子。1992年，张某起诉要求与李某离婚，法院判决双方离婚，并就子女抚养与财产分割作出判决。但离婚后，张某与李某于1992年起又以夫妻名义共同生活，但未进行婚姻登记。2017年，张某又向法院提起离婚诉讼，要求与李某离婚。对于本案如何处理，有两种意见。离婚后又以夫妻名义共同生活的，是否构成事实婚姻，是否还需要离婚？

【解答】

虽然双方离婚后未重新办理婚姻登记，但根据《婚姻法解释(一)》的规定，1994年2月1日民政部《婚姻登记管理条例》发布实施以前，男女双方已经符合结婚实质要件，但未按《婚姻法》第8条规定办理结婚登记而以夫妻名义共同生活，一方起诉到人民法院要求离婚，应按事实婚姻处理，故双方仍应该办理离婚手续。

【法律依据】

最高人民法院《关于适用〈中华人民共和国婚姻法〉若干问题的解释(一)》第五条　未按婚姻法第八条规定办理结婚登记而以夫妻名义共同生活的男女，起诉到人民法院要求离婚的，应当区别对待：

(1)1994年2月1日民政部《婚姻登记管理条例》公布实施以前，男女双方已经符合结婚实质要件的，按事实婚姻处理；

(2)1994年2月1日民政部《婚姻登记管理条例》公布实施以后，男女双方符合结婚实质要件的，人民法院应当告知其在案件受理前补办结婚登记；未补办结婚登记的，按解除同居关系处理。

38. 婚姻关系存续期间，一方向另一方借款，没有约定还款期限。离婚时出借方要求另一方偿还借款，是否有诉讼时效的限制？

【解答】

首先，夫妻之间可以成立借贷法律关系，夫妻之间协议约定以夫妻共同财产出借给夫妻一方用于个人事务，应视为双方处分夫妻共同财产的行为，该协议有效，双方应按借款协议履行。其次，对于夫妻之间以夫妻共同财产出借引发的借贷纠纷，通常在离婚诉讼中一并处理。涉及诉讼时效问题，因出借的标的物属于夫妻共同财产，在未解除婚姻关系时无法分清彼此的具体数额，故诉讼时效应从离婚时才开始起算；如果一方是以个人财产出借，尽管双方存在婚姻关系，也应按照诉讼时效的规定处理。出借方超过诉讼时效后主张还款的，一般不予支持。

【法律依据】

最高人民法院《关于适用〈中华人民共和国婚姻法〉若干问题的解释(三)》第十六条　夫妻之间订立借款协议，以夫妻共同财产出借给一方从事个人经营活动或用于其他个人事务的，应视为双方约定处分夫妻共同财产的行为，离婚时可按照借款协议的约定处理。

39. 一方用婚前财产，在婚后购房，现房屋增值，另一方在离婚时请求法院分割房产，是否会被支持？

【解答】

婚姻关系存续期间，一方以生产、经营之外的其他方式使用自己的婚前个人财产，即使该财产的形式因此发生了变化，也不导致上述财产所有权及其自然增值归属的变化。因此在婚姻关系存续期间使用个人婚前财产购房，并不属于投资经营行为，并不因此改变所有权的性质，也并不当然将其自然增值认定为夫妻共有。法律鼓励发挥物的使用价值，如果人们为了保有自己的婚前个人财产而不敢正常使用上述财产，将不利于财富的流转。故在离婚时请求法院分割房产，并不会得到支持。

【法律依据】

最高人民法院《关于适用〈中华人民共和国婚姻法〉若干问题的解释(二)》第十一条　婚姻关系存续期间，下列财产属于婚姻法第十七条规定的“其他应当归共同所有的财产”：

(1)一方以个人财产投资取得的收益；

(2)男女双方实际取得或者应当取得的住房补贴、住房公积金；

(3)男女双方实际取得或者应当取得的养老保险金、破产安置补偿费。

最高人民法院《关于适用〈中华人民共和国婚姻法〉若干问题的解释(三)》第五条　夫妻一方个人财产在婚后产生的收益，除孳息和自然增值外，应认定为夫妻共同财产。

40. 婚后一方父母支付首付款，给子女购房以子女名义签订不动产买卖合同，由夫妻共同还贷，产权登记在出资方子女名下，在离婚时，该房产的权属应该如何认定？

【解答】

如果父母只是支付了房屋价款的一部分，其余款项由夫妻双方共同支付，则出资父母并不能取得房屋的所有权，也就无法决定将房屋赠与自己子女并将房屋登记在自己子女名下。父母部分出资时一般只能决定其出资份额赠与何方，在欠缺出资时确定只赠与一方的有关证据的情况下，按照婚姻法婚后所得赠与归夫妻双方共有的原则，法院通常会将父母出资部分认定为向夫妻双方的赠与。婚后父母一方部分出资为子女买房登记在出资者子女名下的，不适用婚姻法司法解释(三)第七条的规定，离婚时该房屋应认定为夫妻共同财产但对于父母出资部分按照婚姻法司法解释(二)第二十二条的规定精神处理。

【法律依据】

最高人民法院《关于适用〈中华人民共和国婚姻法〉若干问题的解释(二)》第二十二条 当事人结婚前，父母为双方购置房屋出资的，该出资应当认定为对自己子女的个人赠与，但父母明确表示赠与双方的除外。

当事人结婚后，父母为双方购置房屋出资的，该出资应当认定为对夫妻双方的赠与，但父母明确表示赠与一方的除外。

最高人民法院《关于适用〈中华人民共和国婚姻法〉若干问题的解释(三)》第七条 婚后由一方父母出资为子女购买的不动产，产权登记在出资人子女名下的，可按照婚姻法第十八条第(三)项的规定，视为只对自己子女一方的赠与，该不动产应认定为夫妻一方的个人财产。

由双方父母出资购买的不动产，产权登记在一方子女名下的，该不动产可认定为双方按照各自父母的出资份额按份共有，但当事人另有约定的除外。

41. 夫妻双方结婚后，因妻子不想过早生育，多次做人流手术。后丈夫与妻子签订协议，要求妻子必须在一定期限内必须怀孕生子，如有违反，赔偿丈夫违约金。该约定是否有效?

【解答】

生育权是一项特殊的人身权，是否生育子女应由妻子自己决定，妻子自行终止妊娠的行为并不违反法律。当事人双方签订的合同不能违反法律与公序良俗，人身权的限制不能够成为合同内容，否则双方所作的约定无效，既然合同无效，也就不存在女方承担违约责任的问题。

【法律依据】

《人口与计划生育法》第十七条　公民有生育的权利，也有依法实行计划生育的义务，夫妻双方在实行计划生育中负有共同的责任。

《妇女权益保护法》第五十一条　妇女有按照国家有关规定生育子女的权利，也有不生育的自由。

最高人民法院《关于适用〈中华人民共和国婚姻法〉若干问题的解释(三)》第九条　夫以妻擅自终止妊娠侵犯其生育权为由请求损害赔偿的，人民法院不予支持；夫妻双方因是否生育发生纠纷，致使感情确已破裂，一方请求离婚的，人民法院经调解无效，应依照婚姻法第三十二条第三款第(五)项的规定处理。

42. 一方婚前支付首付款并在银行贷款，房产登记在自己名下，婚后夫妻共同还贷，离婚时房产如何分割？

【解答】

对于这类房产，完全认定为夫妻共同财产或者一方的个人财产都不太公平，该房产实际是婚前个人财产与婚后共同财产的混合体，在离婚时应由双方共同协商处理，如果不能协商，则法院通常会将该房产判决归登记一方，另外一方予以补偿。对按揭房屋在婚后的增值，应考虑配偶一方参与还贷所作的贡献，对其作出公平合理的补偿，而不仅仅是返还婚姻关系存续期间共同还贷的一半。在将按揭房屋认定为一方所有的基础上，未还债务也应由其继续承担。

【法律依据】

最高人民法院《关于适用〈中华人民共和国婚姻法〉若干问题的解释(三)》第十条　夫妻一方婚前签订不动产买卖合同，以个人财产支付首付款并在银行贷款，婚后用夫妻共同财产还贷，不动产登记于首付款支付方名下的，离婚时该不动产由双方协议处理。

依前款规定不能达成协议的，人民法院可以判决该不动产归产权登记一方，尚未归还的贷款为产权登记一方的个人债务。双方婚后共同还贷支付的款项及其相对应财产增值部分，离婚时应根据婚姻法第三十九条第一款规定的原则，由产权登记一方对另一方进行补偿。

43. 一方婚前购房，但婚后共同还贷，在离婚诉讼中应该如何证明在婚姻存续期间双方共同还贷？

【解答】

对于婚后共同还贷的证明问题，主要从两个方面证明：一是从偿还银行贷款的时间看，还贷的时间只要处于婚姻关系存续期间，一般即可认定是双方用夫妻共同财产还贷，而不必刻意区分还贷的资金来源于夫妻中哪一方的收入。二是看夫妻之间是否约定实行分别财产制或者对涉案房屋的还贷问题有特别的约定。如果双方当事人认可或者一方当事人能够举证证明夫妻已经约定实行分别财产制或者对涉案房屋的还贷问题有特别约定，则分割上述不动产时，则否定婚姻法司法解释(三)第十条的适用。简而言之，只要是夫妻关系存续期间偿还的贷款即视为夫妻共同还款，无须提供特别的证据加以证明，由否认是夫妻双方共同还贷的一方须承担举证责任。

【法律依据】

最高人民法院《关于适用〈中华人民共和国婚姻法〉若干问题的解释(三)》第十条　夫妻一方婚前签订不动产买卖合同，以个人财产支付首付款并在银行贷款，婚后用夫妻共同财产还贷，不动产登记于首付款支付方名下的，离婚时该不动产由双方协议处理。

依前款规定不能达成协议的，人民法院可以判决该不动产归产权登记一方，尚未归还的贷款为产权登记一方的个人债务。双方婚后共同还贷支付的款项及其相对应财产增值部分，离婚时应根据婚姻法第三十九条第一款规定的原则，由产权登记一方对另一方进行补偿。

44. 离婚时，夫妻一方的养老金和住房公积金是否能够作为夫妻共同财产进行分割，应该如何分割？

【解答】

住房公积金和养老金属于社会保障制度的一部分，其计算和发放具有一定的特殊性，就住房公积金而言，其主要是用于权利人购买、修缮、翻新房屋等所用，不能因离婚而要求全部提取，对其分割只能采用一方向另一方进行现金补偿的方式给付对方应得的部分。而就养老金而言，则需要区分已经实际取得和未实际取得的部分，已经实际取得的应该作为夫妻共同财产在离婚时进行认定和分割，对于应当取得但未实际取得的，由于养老金数额在离婚时无法计算，且养老保险具有强制性，养老保险个人账户部分的资金不得以任何理由提前支取，故也只能通过现金补偿的方式进行分割。

【法律依据】

《婚姻法》第十七条　夫妻在婚姻关系存续期间所得的下列财产，归夫妻共同所有：

(1)工资、奖金；

(2)生产、经营的收益；

(3)知识产权的收益；

(4)继承或赠与所得的财产，但本法第十八条第三项规定的除外；

(5)其他应当归共同所有的财产。

夫妻对共同所有的财产，有平等的处理权。

最高人民法院《关于适用〈中华人民共和国婚姻法〉若干问题的解释(二)》第十一条　婚姻关系存续期间，下列财产属于婚姻法第十七条规定的“其他应当归共同所有的财产”：

(1)一方以个人财产投资取得的收益；

(2)男女双方实际取得或者应当取得的住房补贴、住房公积金；

(3)男女双方实际取得或者应当取得的养老保险金、破产安置补偿费。

45. 夫妻为了拆迁能够多分房，故双方达成协议假离婚，但是假离婚后，一方发现另一方出轨，双方达成的财产分割协议是否能够撤销?

【解答】

离婚协议中关于财产分割的条款或当事人因离婚就财产达成的协议，对男女双方具有法律约束力。只有在订立协议时存在欺诈、胁迫的情况下当事人一方才可以起诉至法院要求变更或撤销财产分割协议。就双方串通协商假离婚的情况而言，虽然协商离婚时并非真心，但是双方隐瞒真实意识表示而致使婚姻登记机关根据该虚假意思办理了离婚手续，双方不能在事后以并非真心离婚为理由要求撤销离婚，并且在这种情况下，假离婚同真离婚发生一样的法律效力。在此前提下，除非一方能够证明另一方在签订离婚协议时有欺诈的故意，否则离婚协议无法被撤销，对双方均具有约束力。

【法律依据】

最高人民法院《关于适用〈中华人民共和国婚姻法〉若干问题的解释(二)》第八条　离婚协议中关于财产分割的条款或者当事人因离婚就财产分割达成的协议，对男女双方具有法律约束力。

当事人因履行上述财产分割协议发生纠纷提起诉讼的，人民法院应当受理。

最高人民法院《关于适用〈中华人民共和国婚姻法〉若干问题的解释(二)》第九条　男女双方协议离婚后一年内就财产分割问题反悔，请求变更或者撤销财产分割协议的，人民法院应当受理。

人民法院审理后，未发现订立财产分割协议时存在欺诈、胁迫等情形的，应当依法驳回当事人的诉讼请求。

46. 调解和好的离婚案件，必须要等到六个月以后才能再起诉离婚吗?

【解答】

法律规定“六个月内又起诉的，不予受理”的情形仅仅只是在下列前提下：一是原判决不准离婚或者法院调解和好的，如果是原判决准予离婚，那么离婚后又就财产分割、子女抚养、损害赔偿等问题再次起诉是不受限制的；二是该规定限制的仅仅是原告方，如果被告在六个月内起诉离婚的，也不受限制；三是对原告的诉权限制并不绝对，该规定仅限制原告以相同的事实和理由再次要求离婚，如果六个月内出现了新情况、新事实等，原告仍然可以起诉离婚。

【法律依据】

《民事诉讼法》第一百二十四条　人民法院对下列起诉，分别情形，予以处理：

(1)依照行政诉讼法的规定，属于行政诉讼受案范围的，告知原告提起行政诉讼；

(2)依照法律规定，双方当事人达成书面仲裁协议申请仲裁、不得向人民法院起诉的，告知原告向仲裁机构申请仲裁；

(3)依照法律规定，应当由其他机关处理的争议，告知原告向有关机关申请解决；

(4)对不属于本院管辖的案件，告知原告向有管辖权的人民法院起诉；

(5)对判决、裁定、调解书已经发生法律效力的案件，当事人又起诉的，告知原告申请再审，但人民法院准许撤诉的裁定除外；

(6)依照法律规定，在一定期限内不得起诉的案件，在不得起诉的期限内起诉的，不予受理；

(7)判决不准离婚和调解和好的离婚案件，判决、调解维持收养关系的案件，没有新情况、新理由，原告在六个月内又起诉的，不予受理。

《关于适用〈中华人民共和国民事诉讼法〉若干问题的意见》第一百五十条　判决不准离婚、调解和好的离婚案件以及判决、调解维持收养关系的案件的被告向人民法院起诉的，不受《民事诉讼法》第一百一十一条第(七)项规定的条件的限制。

47. 一方婚前所有的宅基地，在结婚后拆迁，且另一方在婚后迁户，离婚时能否请求分割？

【解答】

由于宅基地问题涉及我国农村的基本土地政策和制度，关于其处理较为复杂，我国《婚姻法》及有关司法解释对此没有作出明确规定，根据法律规定农村宅基地的分配是以户为单位，而并非以人数为单位。如果该宅基地是夫妻一方在婚前就已经分配获得的，则其对该块宅基地享有完全的使用收益的权利。由于一方在宅基地分配时并非所在户的成员，无论是宅基地的申请还是面积计算都和他没有关系，因此即使他在结婚后将户口迁入所在的集体经济组织，对该块宅基地也不能享有任何的权利。而关于拆迁旧房所得的动迁安置款等，要看该拆迁房屋是在婚前所建还是在婚姻关系存续期间所建。如果是在婚前所建，其实就是建造方的婚前个人财产，应当依照《婚姻法》关于个人财产的规定确定归属，对于因这部分房屋拆迁而获得的补偿款应当归建造方所有。而如果是在婚后共同建造，则当然属于夫妻共同财产，与之相关的各种动迁补偿款都应当依法进行分割。最后，关于动迁安置房，则需根据具体的动迁安置政策来确定其分割。如果动迁安置政策按照户籍人数计算安置对象以及安置面积而使另一方获得相应的安置面积，则对此部分依法享有权益。如果安置房全部由一方获得，则应给予另一方一定的经济补偿。

【法律依据】

《土地管理法》第六十二条　农村村民一户只能拥有一处宅基地，其宅基地的面积不得超过省、自治区、直辖市规定的标准。

农村村民建住宅，应当符合乡(镇)土地利用总体规划，并尽量使用原有的宅基地和村内空闲地。

农村村民住宅用地，经乡(镇)人民政府审核，由县级人民政府批准；其中，涉及占用农用地的，依照本法第四十四条的规定办理审批手续。

农村村民出卖、出租住房后，再申请宅基地的，不予批准。

48. 婚后一方出轨，是否构成重婚罪？

【解答】

不一定认定为重婚罪。首先，重婚罪的主体包括两类人，一类是有配偶，在夫妻关系存续期间与他人成立婚姻关系，或与他人夫妻名义同居生活的，另一类是没配偶，明知他人有配偶而与之结婚的；其次，重婚罪要求主体存在故意，也就是说行为人明知自己有配偶而故意与他人结婚或明知他人有配偶而与之结婚。再次，重婚罪要求行为人必须实行了重婚的行为，例如举行结婚仪式，也可以是以夫妻名义同居。只有满足上述条件，才能认为行为人犯有重婚罪。值得注意的是，如果婚后一方出轨，没有证据证明他们是以夫妻名义同居的，或者不足以使家人、朋友、邻居等认为他们之间是夫妻关系的，两人也都不构成重婚罪。

【法律依据】

《刑法》第二百五十八条　有配偶而重婚的，或者明知他人有配偶而与之结婚的，处二年以下有期徒刑或者拘役。

《婚姻法》第四十五条　对重婚的，对实施家庭暴力或虐待、遗弃家庭成员构成犯罪的，依法追究刑事责任。受害人可以依照刑事诉讼法的有关规定，向人民法院自诉；公安机关应当依法侦查，人民检察院应当依法提起公诉。

49. 妻子去世后，丈夫是否还有义务承担赡养其父母的义务？

【解答】

根据法律的规定，赡养人仅包括婚生子女、非婚生子女、养子女、有扶养关系的继子女以及有负担能力的孙子女、外孙子女，但不包括儿媳、女婿。儿媳、女婿虽然没有赡养公婆、岳父母的法定义务，但在夫妻关系存续期间有协助配偶赡养老人的义务。法律鼓励儿媳、女婿赡养老人，对于丧偶儿媳、女婿对公婆、岳父母尽到了主要赡养义务的，可以作为第一顺序继承人参与继承，与老人的子女享有同等的继承权。

【法律依据】

《婚姻法》第二十一条 父母对子女有抚养教育的义务；子女对父母有赡养扶助的义务。

父母不履行抚养义务时，未成年的或不能独立生活的子女，有要求父母付给抚养费的权利。

子女不履行赡养义务时，无劳动能力的或生活困难的父母，有要求子女付给赡养费的权利。

禁止溺婴、弃婴和其他残害婴儿的行为。

《老年人权益保障法》第十四条 赡养人应当履行对老年人经济上供养、生活上照料和精神上慰藉的义务，照顾老年人的特殊需要。

赡养人是指老年人的子女以及其他依法负有赡养义务的人。

赡养人的配偶应当协助赡养人履行赡养义务。

《继承法》第十二条 丧偶儿媳对公、婆，丧偶女婿对岳父、岳母，尽了主要赡养义务的，作为第一顺序继承人。

50. 子女之间签订赡养协议免除某子女对父母的赡养义务，该约定是否有效？子女能否以父母有足够的收入、享受有医疗保险以及自己没有工作等为由，拒绝履行赡养父母义务？

【解答】

在父母不反对的情况下，允许子女之间签订赡养协议分工赡养父母，但却不允许通过协议免除某位子女的赡养义务，父或母提出赡养要求，任何子女不得因任何原因而免除，因为赡养义务是强制性的法定义务，对协议中免除某子女对父母的赡养义务，应属无效约定。子女也不能以父母有足够的收入、享受有医疗保险以及自己没有工作等为由，拒绝赡养老人，但在确定赡养义务承担时应酌情考量被赡养人的身体情况、日常生活水平、当地消费水平、赡养人是否可以正常工作等情况对赡养费数额予以酌定。就父母的居住和日常照料问题，如父母表示愿意随某子女生活，而某子女也表示同意，则应尊重当事人的意见。就赡养费的数额和医药费负担比例问题，如某子女已经履行了对父母全部的赡养义务，则其他子女应当多承担赡养费。对于未尽到赡养义务的子女，可以通过诉讼途径向该子女追索赡养费。

【法律依据】

《婚姻法》第二十一条　子女不履行赡养义务时，无劳动能力的或生活困难的父母，有要求子女付给赡养费的权利。

《老年人权益保障法》第二十条　经老年人同意，赡养人之间可以就履行赡养义务签订协议。赡养协议的内容不得违反法律的规定和老年人的意愿。

基层群众性自治组织、老年人组织或者赡养人所在单位监督协议的履行。

51. 失独老人的隔代探望权是否有法律依据？

【解答】

探望作为亲属权的重要内容之一，既是成年近亲属对未成年人的法定权利，也是成年近亲属对未成年人的法定义务，其他成年近亲属的精神关怀与物质支持对未成年人人格健全、身心发育成长有着积极意义，符合《未成年人保护法》的保护原则。因此，代替已经死亡或者丧失行为能力的子女对孙子女或外孙子女进行探望既是祖父母、外祖父母应当之权利，亦是保护未成年人权利的应有之义务。探望孙辈是失独老人获得精神慰藉的重要途径之一，应视为老年人应有之权益，且可与孙辈享有代位继承权利之法律原理相对应。允许失独老人隔代探望、和谐共处履行监护职责与公序良俗、社会公德相符，亦是对中华民族传统美德的继承与发扬。

【法律依据】

《老年人权益保障法》第十四条　赡养人应当履行对老年人经济上供养、生活上照料和精神上慰藉的义务，照顾老年人的特殊需要。

赡养人是指老年人的子女以及其他依法负有赡养义务的人。

赡养人的配偶应当协助赡养人履行赡养义务。

《未成年人保护法》第五条　保护未成年人的工作，应当遵循下列原则：

(1)尊重未成年人的人格尊严；

(2)适应未成年人身心发展的规律和特点；

(3)教育与保护相结合。

52. 如何认定遗弃罪？

【解答】

负有扶养义务且有扶养能力的人，拒绝扶养年幼、年老、患病或者其他没有独立生活能力的家庭成员，是危害严重的遗弃性质的家庭暴力。基于与虐待罪相同的考虑，以下四种情形可以认定为“情节恶劣”，以遗弃罪定罪处罚：第一，对被害人长期不予照顾、不提供生活来源的，表现为采取不作为方式遗弃家庭成员。如一些单亲父母不愿意抚养子女，便将子女推给其他亲属，自己长期不管不问，对子女不进行任何的生活照料。第二，驱赶、逼迫被害人离家，致使被害人流离失所或者生存困难的，表现为采取作为方式遗弃家庭成员。如一些子女将年迈体弱的父母赶出家门，致使父母露宿街头，靠捡拾垃圾和他人救济为生。第三，遗弃患严重疾病或者生活不能自理的被害人。这类情形是针对遗弃对象作出的规定。患严重疾病或者生活不能自理的被害人，对扶养人的依赖程度更高，一旦被遗弃，将面临生命健康的重大危险，故对这类情形有必要定罪处罚。第四，遗弃致使被害人身体遭受严重损害或者造成其他严重后果。这类情形是针对遗弃后果作出的规定，其中“身体遭受严重损害或者造成其他严重后果”，一般指造成被害人轻伤以上，患严重疾病，或者被饿死、冻伤等情形。

【法律依据】

《刑法》第二百六十一条　对于年老、年幼、患病或者其他没有独立生活能力的人，负有扶养义务而拒绝扶养，情节恶劣的，处五年以下有期徒刑、拘役或者管制。

53. 继父母与生父母离婚后，继父母是否有义务抚养继子女？

【解答】

虽然抚养子女是父母的法定权利，继父母也不例外，但对于继父母而言，该种义务仅仅存在于与其生父（母）婚姻关系存续期间受其抚养教育的继子女，因继父母与继子女之间的抚养关系是基于生父母的再婚形成的，继父（母）在与生父（母）离婚后，如继父母不愿意继续抚养的，可以不再承担抚养义务，仍应由生父母抚养。

【法律依据】

《婚姻法》第二十一条　父母对子女有抚养教育的义务；子女对父母有赡养扶助的义务。

父母不履行抚养义务时，未成年的或不能独立生活的子女，有要求父母付给抚养费的权利。

子女不履行赡养义务时，无劳动能力的或生活困难的父母，有要求子女付给赡养费的权利。

禁止溺婴、弃婴和其他残害婴儿的行为。

《婚姻法》第二十七条　继父母与继子女间，不得虐待或歧视。

继父或继母和受其抚养教育的继子女间的权利和义务，适用本法对父母子女关系的有关规定。

最高人民法院《关于人民法院审理离婚案件处理子女抚养问题的若干具体意见》第十三条　生父与继母或生母与继父离婚时，对曾受其抚养教育的继子女，继父或继母不同意继续抚养的，仍应由生父母抚养。

54. 子女出生后一直随父母一方居住，在婚姻存续期间，一方是否能够要求对子女未尽抚养义务的一方支付抚养费？具体数额该如何确定？

【解答】

抚养子女是父母应尽的法定义务，不管婚内还是婚外、婚生子女抑或非婚生子女，父母的抚养义务是不变的，故即使是婚姻关系存续期间，只要一方不履行该抚养义务，未成年子女都有权有权利向其主张抚养费。在子女抚育费数额的具体确定上，要根据子女正常生活的实际需要，应能维持其衣、食、住、行、学、医的正常需求，并需要综合考虑父母双方的经济收入、费用支出、现有生活负担、履行义务的可能性和社会地位等因素。

【法律依据】

最高人民法院《关于适用〈中华人民共和国婚姻法〉若干问题的解释(三)》第三条　婚姻关系存续期间，父母双方或者一方拒不履行抚养子女义务，未成年或者不能独立生活的子女请求支付抚养费的，人民法院应予支持。

最高人民法院《关于人民法院审理离婚案件处理子女抚养问题的若干具体意见》第七条 子女抚育费的数额，可根据子女的实际需要、父母双方的负担能力和当地的实际生活水平确定。

有固定收入的，抚育费一般可按其月总收入的百分之二十至三十的比例给付。负担两个以上子女抚育费的，比例可适当提高，但一般不得超过月总收入的百分之五十。

无固定收入的，抚育费的数额可依据当年总收入或同行业平均收入，参照上述比例确定。

有特殊情况的，可适当提高或降低上述比例。

55. 协议离婚时已约定由一方一次性给付抚养费，但在子女成长过程中发现该抚养费根本无法满足子女所需，是否能够要求对方增加抚养费？

【解答】

“未成年人利益优先原则”和“未成年人最大利益原则”是我国婚姻家事立法的基本原则，尽可能预防和减少由于父母的离婚，给未成年子女带来的生活环境上的影响及未成年子女性格养成、思想变化、学习成长等不利因素。依据协议离婚当时的条件和标准约定支付的抚养费，已经不能满足未成年人基本的生活要求，不能保障未成年子女正常的生活和学习，未成年子女有权基于法定情形，向抚养义务人要求增加抚养费。

【法律依据】

《婚姻法》第三十七条　离婚后，一方抚养的子女，另一方应负担必要的生活费和教育费的一部或全部，负担费用的多少和期限的长短，由双方协议；协议不成时，由人民法院判决。

关于子女生活费和教育费的协议或判决，不妨碍子女在必要时向父母任何一方提出超过协议或判决原定数额的合理要求。

最高人民法院《关于人民法院审理离婚案件处理子女抚养费问题的若干具体意见》第十八条　子女要求增加抚育费有下列情形之一，父或母有给付能力的，应予支持。

(1)原定抚育费数额不足以维持当地实际生活水平的；

(2)因子女患病、上学，实际需要已超过原定数额的；

(3)有其他正当理由应当增加的。

56. 张先生膝下有二子，大儿子已去世，二儿子患有精神疾病，独身且生活无法自理，由于张先生罹患癌症，是否可以在死前为儿子指定监护人？

【解答】

在《民法总则》施行前，指定监护人是没有法律依据的，当出现监护人空缺时，只能由被监护人的所在单位或住所地的居民委员会、村民委员会或者民政部门担任监护人。2017 年 10 月 1 日施行的《民法总则》新增加了通过遗嘱指定监护人的规定，允许父母通过遗嘱对患有精神病的子女的监护问题作出安排。张先生满足了遗嘱指定监护人的两个条件：一是立遗嘱人是被监护人的父母，二是立遗嘱人担任被监护人的监护人，可以通过订立遗嘱的方式指定监护人。

【法律依据】

《民法总则》第二十八条　无民事行为能力或者限制民事行为能力的成年人，由下列有监护能力的人按顺序担任监护人：

(1)配偶；

(2)父母、子女；

(3)其他近亲属；

(4)其他愿意担任监护人的个人或者组织，但是须经被监护人住所地的居民委员会、村民委员会或者民政部门同意。

《民法总则》第二十九条　被监护人的父母担任监护人的，可以通过遗嘱指定监护人。

57. 结婚时与妻子约定，不收养其与前夫生育的子女，但因孩子的生父在异地工作，故孩子上寄宿学校，偶尔周末回家。婚后不久，妻子十四岁的儿子在学校将同学打伤，伤者家长向法院起诉，要求我和妻子承担责任。我是否要承担赔偿责任？

【解答】

除非继子女受其抚养教育才有承担民事责任的义务。是否受其抚养通常从以下几个方面来判断：(1)继子女是未成年人或不能独立生活的子女；(2)继父母与继子女在一起共同生活；(3)继父母在经济上、生活上以及精神上对继子女给予照料、教育、管教和保护；(4)继父母对继子女的抚育期已经有足够长的期限；(5)继父母有抚养教育继子女的主观意愿；(6)继子女有接受继父母抚养教育的意愿。综上判断，该小孩并非受其抚养教育，故无须承担责任。

【法律依据】

《婚姻法》第二十三条　父母有保护和教育未成年子女的权利和义务。在未成年子女对国家、集体或他人造成损害时，父母有承担民事责任的义务。

《婚姻法》第二十七条　继父母与继子女间，不得虐待或歧视。

继父或继母和受其抚养教育的继子女间的权利和义务，适用本法对父母子女关系的有关规定。

58. 离婚时，小孩判给了夫妻一方，由于夫妻一方再婚，另一方认为其无法再继续抚养小孩，想要变更小孩的抚养权，该如何变更？

【解答】

子女抚养问题以保障子女的利益为原则，并应结合父母双方的抚养能力和抚养条件。与子女共同生活的一方如存在有不尽抚养义务或有虐待子女行为，或其与子女共同生活对子女身心健康确有不利影响的，再或者小孩已满十周岁，愿随另一方生活，该方又有抚养能力的，均可以通过起诉要求变更子女抚养关系。如果双方能够协商变更抚养权，也可以通过协议解决。

【法律依据】

《关于人民法院审理离婚案件处理子女抚养问题的若干具

体意见》

第十六条　一方要求变更子女抚养关系有下列情形之一的，应予支持。

(1)与子女共同生活的一方因患严重疾病或因伤残无力继续抚养子女的；

(2)与子女共同生活的一方不尽抚养义务或有虐待子女行为，或其与子女共同生活对子女身心健康确有不利影响的；

(3)十周岁以上未成年子女，愿随另一方生活，该方又有抚养能力的；

(4)有其他正当理由需要变更的。

第十七条　父母双方协议变更子女抚养关系的，应予准许。

59. 家庭经济困难无力抚养小孩是否一定属于符合法律规定“生父母有特殊困难无力抚养”的情形？

【解答】

根据法律规定，生父母有特殊困难无力抚养子女才能将小孩送养，生父母有特殊困难无力抚养的证明是指生父母所在单位或者村(居)委会根据县级以上医疗机构出具的重特大疾病证明、县级残疾人联合会出具的重度残疾证明或者人民法院判处有期徒刑或无期徒刑、死刑的判决书出具的能够确定生父母有特殊困难无力抚养的相关证明。如无特殊情况，单纯的只是经济困难并不属于生父母有特殊困难无力抚养的情形。

【法律依据】

《民政部关于规范生父母有特殊困难无力抚养的子女和社会散居孤儿收养工作的意见》 生父母有特殊困难无力抚养的证明是指生父母所在单位或者村(居)委会根据下列证件、证明材料之一出具的能够确定生父母有特殊困难无力抚养的相关证明：

(1)县级以上医疗机构出具的重特大疾病证明；

(2)县级残疾人联合会出具的重度残疾证明；

(3)人民法院判处有期徒刑或无期徒刑、死刑的判决书。

生父母确因其他客观原因无力抚养子女的，乡镇人民政府、街道办事处出具的有关证明可以作为生父母有特殊困难无力抚养的证明使用。

60. 没有办理收养手续的“过继”，收养关系是否成立？

【解答】

“过继”，又称立嗣，是我国封建社会流传于民间的一种收养方式，我国收养法对“过继”中传宗接代的封建思想不予保护，但是如果双方是自愿，且形成了事实收养关系的，则应视为事实收养关系，按收养关系对待。在 1992 年 4 月 1 日《收养法》实施以后，收养必须向县级人民政府民政部门登记，否则收养关系不成立，双方之间不产生父母子女关系。即使是履行了仪式、立了字据，其收养关系也得不到法律的确认与保护。如果 1992 年 4 月 1 日《收养法》实施前，“过继”没有办理收养手续的，但亲友、群众公认或者有关组织证明双方以养父母与养子女关系长期共同生活的，则应当按照收养关系对待。

【法律依据】

《收养法》第十五条　收养应当向县级以上人民政府民政部门登记。

收养关系自登记之日起成立。收养查找不到生父母的弃婴和儿童的，办理登记的民政部门应当在登记前予以公告。

收养关系当事人愿意订立收养协议的，可以订立收养协议。

收养关系当事人各方或者一方要求办理收养公证的，应当办理收养公证。

61. 收养关系解除后，养子女与生父母及其他近亲属的权利、义务关系能否恢复？对其生父母是否还享有继承权？

【解答】

根据《收养法》的规定，收养关系解除后，养子女与生父母及其他亲属间的权利义务关系即行恢复，但成年养子女与生父母及其他近亲属间的权利义务关系是否恢复，可以协商确定。可见，收养关系解除时，如果养子女尚未成年，他与生父母的权利关系因收养关系的解除而自行恢复，则享有继承权；如果养子女已经成年，他与生父母的权利义务关系可以恢复，也可以不恢复，这取决于他们自愿协商，如果恢复则享有继承权，如果没有恢复则不享有继承权。

【法律依据】

《收养法》第二十九条　收养关系解除后，养子女与养父母及其他近亲属间的权利义务关系即行消除，与生父母及其他近亲属间的权利义务关系自行恢复，但成年养子女与生父母及其他近亲属间的权利义务关系是否恢复，可以协商确定。

《继承法》第十条　遗产按照下列顺序继承：

第一顺序：配偶、子女、父母。

第二顺序：兄弟姐妹、祖父母、外祖父母。

继承开始后，由第一顺序继承人继承，第二顺序继承人不继承。没有第一顺序继承人继承的，由第二顺序继承人继承。

本法所说的子女，包括婚生子女、非婚生子女、养子女和有扶养关系的继子女。

本法所说的父母，包括生父母、养父母和有扶养关系的继父母。

本法所说的兄弟姐妹，包括同父母的兄弟姐妹、同父异母或者同母异父的兄弟姐妹、养兄弟姐妹、有扶养关系的继兄弟姐妹。

62. 收养关系成立后，收养人想要解除收养关系，不再支付抚养费，被收养人是否能向生父母主张抚养费？

【解答】

收养关系成立，养父母对养子女即负有抚养义务。除非养子女有严重生理缺陷或其他疾病，其生父母在送养时故意隐瞒不说或者经送养人与收养人协商解除收养关系的以外，收养人在被收养人成年前一般不得解除收养关系，在收养关系成立之后、解除之前养子女的抚养费应当由养父母给付。

【法律依据】

《收养法》第二十三条　自收养关系成立之日起，养父母与养子女间的权利义务关系，适用法律关于父母子女关系的规定；养子女与养父母的近亲属间的权利义务关系，适用法律关于子女与父母的近亲属关系的规定。

养子女与生父母及其他近亲属间的权利义务关系，因收养关系的成立而消除。

《收养法》第二十六条　收养人在被收养人成年以前，不得解除收养关系，但收养人、送养人双方协议解除的除外，养子女年满十周岁以上的，应当征得本人同意。

收养人不履行抚养义务，有虐待、遗弃等侵害未成年养子女合法权益行为的，送养人有权要求解除养父母与养子女间的收养关系。送养人、收养人不能达成解除收养关系协议的，可以向人民法院起诉。

《婚姻法》第二十一条　父母对子女有抚养教育的义务；子女对父母有赡养扶助的义务。

父母不履行抚养义务时，未成年的或不能独立生活的子女，有要求父母付给抚养费的权利。

子女不履行赡养义务时，无劳动能力的或生活困难的父母，有要求子女付给赡养费的权利。

禁止溺婴、弃婴和其他残害婴儿的行为。

《婚姻法》第二十六条　国家保护合法的收养关系。养父母和养子女间的权利和义务，适用本法对父母子女关系的有关规定。

养子女和生父母间的权利和义务，因收养关系的成立而消除。

63. 事实收养关系如何认定?

【解答】

事实收养关系应符合以下三方面的条件：一是收养行为发生在《收养法》实施之前，即1994年2月1日以前；二是被收养人、送养人与收养人的条件均应符合《收养法》的相关规定，并且送养人送样与收养人收养均属自愿，如被收养人年满十周岁的，还应征得被收养人的同意；三是被收养人与收养人有长期共同生活的事实，其收养关系得到了邻里、单位同事或所在基层组织的公认。

【法律依据】

《收养法》第十五条　收养应当向县级以上人民政府民政部门登记。

收养关系自登记之日起成立。收养查找不到生父母的弃婴和儿童的，办理登记的民政部门应当在登记前予以公告。

收养关系当事人愿意订立收养协议的，可以订立收养协议。

收养关系当事人各方或者一方要求办理收养公证的，应当办理收养公证。

《最高人民法院关于贯彻执行民事政策法律若干问题的意见》

第二十八条　亲友、群众公认，或有关组织证明确以养父母与养子女关系长期共同生活的，虽未办理合法手续，也应按收养关系对待。

64. 陈女士35岁，已婚，但怀孕比较困难，想在福利院收养孤儿，如果收养了小孩，如何收养？假如又怀孕了是否还能够再生？

【解答】

首先，收养人必须满足夫妻双方年满三十周岁，被收养的小孩必须未满14岁；其次，收养人应家庭和睦，工作稳定，道德品质良好，家庭成员均有收养儿童的良好愿望。再次，要有收养夫妻双方单位开具的具备收养能力的证明，最后还有县级以上医院的体检证明，证明收养人身体健康。收养孤儿、残疾儿童或者社会福利机构抚养的查找不到生父母的弃婴和儿童，可以不受收养人无子女的限制。即使陈女士以后发现怀孕，依旧可以生育。

【法律依据】

《收养法》第四条　下列不满十四周岁的未成年人可以被收养：

(1)丧失父母的孤儿；

(2)查找不到生父母的弃婴和儿童；

(3)生父母有特殊困难无力抚养的子女。

《收养法》第六条　收养人应当同时具备下列条件：

(1)无子女；

(2)有抚养教育被收养人的能力；

(3)未患有在医学上认为不应当收养子女的疾病；

(4)年满三十周岁。

《收养法》第八条　收养人只能收养一名子女。

收养孤儿、残疾儿童或者社会福利机构抚养的查找不到生父母的弃婴和儿童，可以不受收养人无子女和收养一名的限制。

65. 收养关系必须依法登记才能成立吗？收养关系自何时起成立？收养登记的办理期限如何规定？

【解答】

收养关系统一由民政部门依法登记成立；收养关系自登记之日起成立。收养登记机关收到中国公民收养登记申请书及有关材料后，应当自次日起三十内进行审查。对符合收养法规定条件的，为当事人办理收养登记，发给收养证，收养关系自登记之日起成立。收养查找不到生父母的弃婴、儿童的，收养登记机关应当在登记前公告查找其生父母，公告期为六十天。公告期间不计算在登记办理期限内。

【法律依据】

《收养法》第十五条　收养应当向县级以上人民政府民政部门登记。收养关系自登记之日起成立。

收养查找不到生父母的弃婴和儿童的，办理登记的民政部门应当在登记前予以公告。

收养关系当事人愿意订立收养协议的，可以订立收养协议。

收养关系当事人各方或者一方要求办理收养公证的，应当办理收养公证。

《中国公民收养子女登记办法》第七条　收养登记机关收到

收养登记申请书及有关材料后，应当自次日起30日内进行审查。对符合收养法规定条件的，为当事人办理收养登记，发给收养登记证，收养关系自登记之日起成立；对不符合收养法规定条件的，不予登记，并对当事人说明理由。

收养查找不到生父母的弃婴、儿童的，收养登记机关应当在登记前公告查找其生父母；自公告之日起满60日，弃婴、儿童的生父母或者其他监护人未认领的，视为查找不到生父母的弃婴、儿童。公告期间不计算在登记办理期限内。

66. 与成年养子女之间无法共同生活，应该如何解除收养关系，收养人能否要求被收养人支付生活费、教育费补偿金？

【解答】

养父母与成年养子女关系恶化、无法共同生活的，可以协议解除，如果无法达成协议的，可以向人民法院起诉要求解除收养关系。收养关系解除后，经养父母抚养的成年养子女，对缺乏劳动能力又缺乏生活来源的养父母，应当给付生活费。因养子女成年后虐待、遗弃养父母而解除收养关系的，养父母可以要求养子女补偿收养期间支出的生活费和教育费。

【法律依据】

《收养法》第二十七条　养父母与成年养子女关系恶化、无法共同生活的，可以协议解除收养关系。不能达成协议的，可以向人民法院起诉。

《收养法》第三十条　收养关系解除后，经养父母抚养的成年养子女，对缺乏劳动能力又缺乏生活来源的养父母，应当给付生活费。因养子女成年后虐待、遗弃养父母而解除收养关系的，养父母可以要求养子女补偿收养期间支出的生活费和教育费。

生父母要求解除收养关系的，养父母可以要求生父母适当补偿收养期间支出的生活费和教育费，但因养父母虐待、遗弃养子女而解除收养关系的除外。

67. 陈女士是家中独女，父母在其婚姻存续期间去世，且未立遗嘱。离婚3年后，陈女士想要把父母留给自己的房产办理过户登记，却被房产局告知需要自己的前夫签字放弃继承，法律是如何规定的？

【解答】

由于陈女士父母去世时，陈女士和其前夫的婚姻还在存续期间，尽管当时没有进行遗产的分割，但是实际的继承已经发生。根据婚姻法第十八条第三款，陈女士所继承的遗产归夫妻共有。所以，陈女士的前夫也拥有该房产的份额。

【法律依据】

《婚姻法》第十八条　有下列情形之一的，为夫妻一方的财产：

（1）一方的婚前财产；

（2）一方因身体受到伤害获得的医疗费、残疾人生活补助费等费用；

（3）遗嘱或赠与合同中确定只归夫或妻一方的财产；

(4)一方专用的生活用品；

(5)其他应当归一方的财产。

最高人民法院《关于适用〈中华人民共和国婚姻法〉若干问题的解释(三)》第十五条　婚姻关系存续期间，夫妻一方作为继承人依法可以继承的遗产，在继承人之间尚未实际分割，起诉离婚时另一方请求分割的，人民法院应当告知当事人在继承人之间实际分割遗产后另行起诉。

68. 继子女是否可以继承继父母的遗产？在分配遗产时是否可以与婚生子女分得同等份额？

【解答】

继子女能否继承继父母的遗产、继承多少遗产首先要看其是否与继父母形成抚养关系，有扶养关系继子女是指继子女受继父母经济上的供养或生活上的扶养、教育，抚养关系应具备“物质上的帮助”、“情感上的交流”；其次还应当看他们是否对继父母尽了扶养义务，继子女是否在经济上供养继父母或在生活上扶助继父母。

【法律依据】

《继承法》第十条　遗产按照下列顺序继承：

第一顺序：配偶、子女、父母。

第二顺序：兄弟姐妹、祖父母、外祖父母。

继承开始后，由第一顺序继承人继承，第二顺序继承人不继承。没有第一顺序继承人继承的，由第二顺序继承人继承。

本法所说的子女，包括婚生子女、非婚生子女、养子女和有扶养关系的继子女。

本法所说的父母，包括生父母、养父母和有扶养关系的继父母。

本法所说的兄弟姐妹，包括同父母的兄弟姐妹、同父异母或者同母异父的兄弟姐妹、养兄弟姐妹、有扶养关系的继兄弟姐妹。

《继承法》第十三条 同一顺序继承人继承遗产的份额，一般应当均等。

对生活有特殊困难的缺乏劳动能力的继承人，分配遗产时，应当予以照顾。

对被继承人尽了主要扶养义务或者与被继承人共同生活的继承人，分配遗产时，可以多分。

有扶养能力和有扶养条件的继承人，不尽扶养义务的，分配遗产时，应当不分或者少分。

继承人协商同意的，也可以不均等。

69. 死亡赔偿金是否应当作为遗产继承？

【解答】

死亡赔偿金不是遗产，是对受害人亲属遭受的间接损害而赔偿的费用。死亡赔偿金是以被侵权人死亡为给付条件的，是给被侵权人家属的财产或补偿费用，此笔费用不能作为遗产由被侵权人继承。死亡赔偿金是对死者未来收入损失的赔偿，其中包含了被扶养人生活费，故分割时应考虑当事人与死者的亲密程度、是否需要死者扶养等因素。

【法律依据】

《继承法》第三条　遗产是公民死亡时遗留的个人合法财产，包括：

(1)公民的收入；

(2)公民的房屋、储蓄和生活用品；

(3)公民的林木、牲畜和家禽；

(4)公民的文物、图书资料；

(5)法律允许公民所有的生产资料；

(6)公民的著作权、专利权中的财产权利；

(7)公民的其他合法财产。

《侵权法》第十八条　被侵权人死亡的，其近亲属有权请求侵权人承担侵权责任。被侵权人为单位，该单位分立、合并的，承继权利的单位有权请求侵权人承担侵权责任。

70. 与他人以夫妻名义共同生活，育有一子，但没有进行结婚登记，现其去世，同居一方是否有继承权，小孩是否有继承权？

【解答】

对于同居一方是否有继承权的问题，根据法律规定，未按《婚姻法》第八条规定办理结婚登记而以夫妻名义共同生活的男女，应根据符合结婚实质要件的时间来区分处理，如果是在1994年2月1日之前，则属于事实婚姻，可以以配偶身份享有继承权。如果是在1994年2月1日之后，即使以夫妻名义生活在一起，并且具备结婚的实质要件，但未补办结婚登记的，仍然不能认定为存在婚姻关系，而应认定为同居关系，则不享有继承权。对于小孩是否有继承权，非婚生子女享有同婚生子女同等的权利，是否婚生子女不影响小孩的继承权。

【法律依据】

《继承法》第十条　遗产按照下列顺序继承：

第一顺序：配偶、子女、父母。

第二顺序：兄弟姐妹、祖父母、外祖父母。

继承开始后，由第一顺序继承人继承，第二顺序继承人不继承。没有第一顺序继承人继承的，由第二顺序继承人继承。

本法所说的子女，包括婚生子女、非婚生子女、养子女和有扶养关系的继子女。

本法所说的父母，包括生父母、养父母和有扶养关系的继父母。

本法所说的兄弟姐妹，包括同父母的兄弟姐妹、同父异母或者同母异父的兄弟姐妹、养兄弟姐妹、有扶养关系的继兄弟姐妹。

最高人民法院《关于适用〈中华人民共和国婚姻法〉若干问题的解释(一)》第五条　未按婚姻法第八条规定办理结婚登记而以夫妻名义共同生活的男女，起诉到人民法院要求离婚的，应当区别对待：

(1)1994年2月1日民政部《婚姻登记管理条例》公布实施以前，男女双方已经符合结婚实质要件的，按事实婚姻处理；

(2)1994年2月1日民政部《婚姻登记管理条例》公布实施以后，男女双方符合结婚实质要件的，人民法院应当告知其在案件受理前补办结婚登记；未补办结婚登记的，按解除同居关系处理。

71. 继承人公开书面作出放弃继承权的承诺后又反悔的，是否还能恢复继承权？

【解答】

放弃继承意味着继承人不能继承被继承人的遗产，放弃继承是一种单方的法律行为，不需要征得他人的同意。放弃继承权的表示作出后，得到其他继承人的认可即成立。一般情况下，继承人对放弃继承又反悔的，一般是不予承认的。人民法院会根据放弃继承权的继承人提出的恢复理由重新进行认定，非经法院认定程序，继承人不能自行恢复。而且，恢复继承权的意思表示必须在遗产处理之前提出，如果遗产已经分割处理完毕，成为各继承人的个人财产，法律明确规定是不予承认的。

【法律依据】

《继承法》第二十五条 继承开始后，继承人放弃继承的，应当在遗产处理前，作出放弃继承的表示。没有表示的，视为接受继承。

受遗赠人应当在知道受遗赠后两个月内，作出接受或者放弃受遗赠的表示，到期没有表示的，视为放弃受遗赠。

最高人民法院关于贯彻执行《中华人民共和国继承法》若干问题的意见 第五十条 遗产处理前或在诉讼进行中，继承人对放弃继承翻悔的，由人民法院根据其提出的具体理由，决定是否承认。遗产处理后，继承人对放弃继承翻悔的，不予承认。

72. QQ、微信账户等社交账户里面有余额的情况，QQ 号、微信号是否可以作为遗产继承？

【解答】

QQ、微信账户有余额的，属于用户的私人财产，根据法律的规定，可以予以继承，但是需要继承人提供被继承人的社交账户、账号及密码，如果社交平台拒不配合提供相关信息，继承将难以操作。平台公司的用户协议通常约定，用户仅仅拥有号码使用权，号码所有权归平台公司所有，在用户停止使用本软件及服务，平台公司可以永久地删除数据。服务停止、终止或取消后，平台公司也没有义务返还任何数据。就目前的法律规定，类似条款并不违反法律强制性规定，属于合法有效条款，故在日常生活中将密码告知亲属可避免该类情况发生。

【法律依据】

《继承法》第三条　遗产是公民死亡时遗留的个人合法财产，包括：

(1)公民的收入；

(2)公民的房屋、储蓄和生活用品；

(3)公民的林木、牲畜和家禽；

(4)公民的文物、图书资料；

(5)法律允许公民所有的生产资料；

(6)公民的著作权、专利权中的财产权利；

(7)公民的其他合法财产

73. 什么情况下会导致继承权丧失，其他继承人如何主张其丧失继承权？

【解答】

继承权的丧失，是因为继承人作出了某些侵犯被继承人或其他继承人合法权益的行为，只要符合《继承法》第七条以及最高人民法院关于贯彻执行《中华人民共和国继承法》若干问题的意见第十条至十四条的相关规定的，其他继承人即可主张其丧失继承权，是否符合丧失继承权的条件，需起诉到法院后由法院确认。

【法律依据】

《继承法》第七条　继承人有下列行为之一的，丧失继承权：

(1) 故意杀害被继承人的；

(2) 为争夺遗产而杀害其他继承人的；

(3) 遗弃被继承人的，或者虐待被继承人情节严重的；

(4) 伪造、篡改或者销毁遗嘱，情节严重的。

《最高人民法院关于贯彻执行〈中华人民共和国继承法〉若干问题的意见》第十条　继承人虐待被继承人情节是否严重，可以从实施虐待行为的时间、手段、后果和社会影响等方面认定。

虐待被继承人情节严重的，不论是否追究刑事责任，均可确认其丧失继承权。

《最高人民法院关于贯彻执行〈中华人民共和国继承法〉若干问题的意见》第十一条　继承人故意杀害被继承人的，不论是既遂还是未遂，均应确认其丧失继承权。

《最高人民法院关于贯彻执行〈中华人民共和国继承法〉若干问题的意见》第十二条 继承人有《继承法》第七条第(一)项或第(二)项所列之行为，而被继承人以遗嘱将遗产指定由该继承人继承的，可确认遗嘱无效，并按《继承法》第七条的规定处理。

《最高人民法院关于贯彻执行〈中华人民共和国继承法〉若干问题的意见》第十三条 继承人虐待被继承人情节严重的，或者遗弃被继承人的，如以后确有悔改表现，而且被虐待人、被遗弃人生前又表示宽恕，可不确认其丧失继承权。

《最高人民法院关于贯彻执行〈中华人民共和国继承法〉若干问题的意见》第十四条 继承人伪造、篡改或者销毁遗嘱，侵害了缺乏劳动能力又无生活来源的继承人利益，并造成其生活困难的，应认定其行为情节严重。

74. 代书遗嘱如果形式上有欠缺，遗嘱是否还具有效力？

【解答】

代书遗嘱应当同时具备以下三个条件：一是应当有两个以上见证人在场见证，代为书写遗嘱的人同时可以是见证人；二是见证人应当是具有完全民事行为能力人，并且与遗嘱没有任何关系；三是代书人、遗嘱人与其他见证人均要在遗嘱上前签名，并注明日期。继承法实施前订立的，形式上稍有欠缺的遗嘱，如内容合法，又有充分证据证明确为遗嘱人真实意思表示的，可以认定遗嘱有效。如果继承法实施以后，形式上存在欠缺，就会导致遗嘱无效。

【法律依据】

《继承法》第十七条　公证遗嘱由遗嘱人经公证机关办理。

自书遗嘱由遗嘱人亲笔书写，签名，注明年、月、日。

代书遗嘱应当有两个以上见证人在场见证，由其中一人代书，注明年、月、日，并由代书人、其他见证人和遗嘱人签名。

以录音形式立的遗嘱，应当有两个以上见证人在场见证。

遗嘱人在危急情况下，可以立口头遗嘱。口头遗嘱应当有两个以上见证人在场见证。危急情况解除后，遗嘱人能够用书面或者录音形式立遗嘱的，所立的口头遗嘱无效。

《最高人民法院关于贯彻执行〈中华人民共和国继承法〉若干问题的意见》第三十五条　继承法实施前订立的，形式上稍有欠缺的遗嘱，如内容合法，又有充分证据证明确为遗嘱人真实意思表示的，可以认定遗嘱有效。

75. 死后含个人财产处分内容的遗书是否是遗嘱？

【解答】

跟遗嘱不同的是，遗书本身不具有法律效力，可以是任何人，任何想写的，任何时候写，但公民在遗书中涉及死后个人财产处分的内容，确为死者真实意思的表示，有本人签名并注明了年、月、日，又无相反证据的，可按自书遗嘱对待。

【法律依据】

《继承法》第十七条　公证遗嘱由遗嘱人经公证机关办理。

自书遗嘱由遗嘱人亲笔书写，签名，注明年、月、日。

代书遗嘱应当有两个以上见证人在场见证，由其中一人代书，注明年、月、日，并由代书人、其他见证人和遗嘱人签名。

以录音形式立的遗嘱，应当有两个以上见证人在场见证。

遗嘱人在危急情况下，可以立口头遗嘱。口头遗嘱应当有两个以上见证人在场见证。危急情况解除后，遗嘱人能够用书面或者录音形式立遗嘱的，所立的口头遗嘱无效。

《最高人民法院关于贯彻执行〈中华人民共和国继承法〉若干问题的意见》第四十条　公民在遗书中涉及死后个人财产处分的内容，确为死者真实意思的表示，有本人签名并注明了年、月、日，又无相反证据的，可按自书遗嘱对待。

76. 父母一方死亡，另一方没有死亡，子女想要继承家里的拆迁补偿款，但父母另一方不同意，子女是否有权要求继承遗产？

【解答】

继承开始的原因是被继承人死亡，继承开始的时间是被继承人死亡之时。在父母一方死亡时，继承就开始，同一顺序继承人继承遗产的份额，一般应当均等。故父母另一方阻扰继承的行为是不恰当的，但子女在继承的时候，只能继承父母去世一方的份额，而不能继承在世一方的份额。并且拆迁补偿款项目较多，一般包括还包括临时安置补助费、搬家补助费和奖励费，由于这些款项属于搬迁而发生的费用和为鼓励被拆迁人及时搬迁而给予的奖励，故不属于遗产范围。

【法律依据】

《继承法》第二条　继承从被继承人死亡时开始。

第十条　遗产按照下列顺序继承：

第一顺序：配偶、子女、父母。

第二顺序：兄弟姐妹、祖父母、外祖父母。

继承开始后，由第一顺序继承人继承，第二顺序继承人不继承。没有第一顺序继承人继承的，由第二顺序继承人继承。

本法所说的子女，包括婚生子女、非婚生子女、养子女和有扶养关系的继子女。

本法所说的父母，包括生父母、养父母和有扶养关系的继父母。

本法所说的兄弟姐妹，包括同父母的兄弟姐妹、同父异母或者同母异父的兄弟姐妹、养兄弟姐妹、有扶养关系的继兄弟姐妹。

《继承法》第十三条　同一顺序继承人继承遗产的份额，一般应当均等。

对生活有特殊困难的缺乏劳动能力的继承人，分配遗产时，应当予以照顾。

对被继承人尽了主要扶养义务或者与被继承人共同生活的继承人，分配遗产时，可以多分。

有扶养能力和有扶养条件的继承人，不尽扶养义务的，分配遗产时，应当不分或者少分。

继承人协商同意的，也可以不均等。

《最高人民法院关于贯彻执行〈中华人民共和国继承法〉若干问题的意见》第一条　继承从被继承人生理死亡或被宣告死亡时开始。

77. 互有继承权的两人在同一事件中死亡，死亡时间如何确定?

【解答】

确定两个以上互有继承权的人在同一事件中死亡的时间，首先应当根据事实情况确定在事实情况确实无法确定的情况下，根据以下三种推定规则：第一种规则是首要规则，即推定没有其他继承人的人先死。没有其他继承人的人是指除了一起死亡的人之外，再没有其他的继承人，不管与其一起死亡的人中是长辈、晚辈还是同辈。这一推定规则是为了尽量避免出现遗产无人继承的情况。第二种规则是推定长辈先死，晚辈后死。这一规则的适用前提是一起死亡的人都有其他继承人。第三种规则是辈分相同的人推定为同时死亡，互不继承，这一规则的适用前提是死者都有其他继承人。

【法律依据】

《最高人民法院关于贯彻执行〈中华人民共和国继承法〉若干问题的意见》第二条　相互有继承关系的几个人在同一事件中死亡，如不能确定死亡先后时间的，推定没有继承人的人先死亡。死亡人各自都有继承人的，如几个死亡人辈份不同，推定长辈先死亡；几个死亡人辈份相同，推定同时死亡，彼此不发生继承，由他们各自的继承人分别继承。

78. 李某发生交通事故后，双腿被截肢，李某遭受了很大的肉体痛苦，在精神方面也濒临崩溃，不久后去世。李某的妻子和儿子向肇事者索赔，是否还能够要求赔偿精神损害抚慰金？

【解答】

是否能够请求精神损害抚慰金首先应确认精神损害抚慰金是否能够作为遗产继承。根据相关法律规定，精神损害抚慰金的请求权，不得让与或者继承。但赔偿义务人已经以书面方式承诺给予金钱赔偿，或者赔偿权利人已经向人民法院起诉的除外。故如果肇事方未书面承诺或者李某生前未起诉，则无法继承。

【法律依据】

《继承法》第三条　遗产是公民死亡时遗留的个人合法财产，包括：

(1)公民的收入；

(2)公民的房屋、储蓄和生活用品；

(3)公民的林木、牲畜和家禽；

(4)公民的文物、图书资料；

(5)法律允许公民所有的生产资料；

(6)公民的著作权、专利权中的财产权利；

(7)公民的其他合法财产。

《最高人民法院关于贯彻执行〈中华人民共和国继承法〉若干问题的意见》第三条　公民可继承的其他合法财产包括有价证

券和履行标的为财物的债权等。

《关于审理人身损害赔偿案件适用法律若干问题的解释》第十八条　受害人或者死者近亲属遭受精神损害，赔偿权利人向人民法院请求赔偿精神损害抚慰金的，适用《最高人民法院关于确定民事侵权精神损害赔偿责任若干问题的解释》予以确定。

精神损害抚慰金的请求权，不得让与或者继承。但赔偿义务人已经以书面方式承诺给予金钱赔偿，或者赔偿权利人已经向人民法院起诉的除外。

79. 在父母生前打骂父母，逼走老人后在其生病后不管不顾，在其父母死后，其他法定继承人是否能够主张其无权继承遗产？

【解答】

根据我国《继承法》的相关规定，继承人遗弃被继承人的，或者虐待被继承人情节严重的，丧失继承权。所谓遗弃被继承人是指继承人对没有独立生活能力的被继承人拒不履行抚养义务。虐待被继承人是指继承人在被继承人生前对其以各种手段进行身体上或精神上的摧残或折磨，只要达到情节严重，就会丧失继承权。根据上述情形，基本符合遗弃老人、虐待被继承人情节严重的情形，应当丧失继承权。

【法律依据】

《继承法》第七条　继承人有下列行为之一的，丧失继承权：

(1)故意杀害被继承人的；

(2)为争夺遗产而杀害其他继承人的；

(3)遗弃被继承人的，或者虐待被继承人情节严重的；

(4)伪造、篡改或者销毁遗嘱，情节严重的。

《最高人民法院关于贯彻执行〈中华人民共和国继承法〉若干问题的意见》第九条 在遗产继承中，继承人之间因是否丧失继承权发生纠纷，诉讼到人民法院的，由人民法院根据继承法第七条的规定，判决确认其是否丧失继承权。

《最高人民法院关于贯彻执行〈中华人民共和国继承法〉若干问题的意见》第十条 继承人虐待被继承人情节是否严重，可以从实施虐待行为的时间、手段、后果和社会影响等方面认定。

虐待被继承人情节严重的，不论是否追究刑事责任，均可确认其丧失继承权。

80. 离婚判决尚未生效，夫妻一方因意外过世，另一方是否还有权继承对方的遗产？

【解答】

根据我国法律的规定认定是否存在合法的夫妻关系应当以是否办理结婚登记和领取结婚证为标准。对正在办理还没有办完离婚手续的男女，由于他们的婚姻关系没有依法解除，当一方死亡时，另一方仍有权以配偶身份继承遗产。在实践中，主要包括五种情形：一是已向婚姻登记机关申请离婚登记，但是婚姻登记机关尚未准予登记、发给离婚证；二是已向人民法院起诉离婚，法院正在审理中；三是已经在人民法院达成了离婚协议，但法院的离婚调解书尚未送达到双方；四是人民法院一审已作出判决，但尚在15天的上诉期内；五是一审判决离婚，一方不服起诉，二审法院正在审理。

【法律依据】

《继承法》第十条　遗产按照下列顺序继承：

第一顺序：配偶、子女、父母。

第二顺序：兄弟姐妹、祖父母、外祖父母。

继承开始后，由第一顺序继承人继承，第二顺序继承人不继承。没有第一顺序继承人继承的，由第二顺序继承人继承。

本法所说的子女，包括婚生子女、非婚生子女、养子女和有扶养关系的继子女。

本法所说的父母，包括生父母、养父母和有扶养关系的继父母。

本法所说的兄弟姐妹，包括同父母的兄弟姐妹、同父异母或者同母异父的兄弟姐妹、养兄弟姐妹、有扶养关系的继兄弟姐妹。

81. 继子女在继承了继父母的遗产后，是否还有权继承生父母的遗产？

【解答】

根据《继承法》相关规定配偶、子女、父母均属于第一顺位继承人，《继承法》中所指子女，包括婚生子女、非婚生子女、养子女和有扶养关系的继子女。故继子女作为其生父母的婚生子女有权继承其生父母的遗产，即使其继承了继父母的遗产也不丧失其对生父母的继承权。

【法律依据】

《继承法》第十条　遗产按照下列顺序继承：

第一顺序：配偶、子女、父母。

第二顺序：兄弟姐妹、祖父母、外祖父母。

继承开始后，由第一顺序继承人继承，第二顺序继承人不继承。没有第一顺序继承人继承的，由第二顺序继承人继承。

本法所说的子女，包括婚生子女、非婚生子女、养子女和有扶养关系的继子女。

本法所说的父母，包括生父母、养父母和有扶养关系的继父母。

本法所说的兄弟姐妹，包括同父母的兄弟姐妹、同父异母或者同母异父的兄弟姐妹、养兄弟姐妹、有扶养关系的继兄弟姐妹。

《最高人民法院关于贯彻执行〈中华人民共和国继承法〉若干问题的意见》第二十一条　继子女继承了继父母遗产的，不影响其继承生父母的遗产。

继父母继承了继子女遗产的，不影响其继承生子女的遗产。

82. 丧偶儿媳在配偶死后长期与配偶父母住在一起，照料老人，如果其再婚，是否还能作为第一顺位继承人继承遗产，如果其继承了遗产，其子女是否还能继承遗产？

【解答】

丧偶儿媳是否能作为第一顺序继承人，要看其是否对其公、婆尽到了主要的赡养义务，如果因为对公婆尽了主要赡养义务而取得的对公婆财产的继承权的话，其拥有的继承权是一种独立的继承权，与第一顺序其他法定继承人的继承权同等，而并不是代替其配偶继承，故无论其是否再婚都不会影响其法定继承权。更不会影响到其子女对其祖父母的代位继承权。

【法律依据】

《继承法》第十一条　被继承人的子女先于被继承人死亡的，由被继承人的子女的晚辈直系血亲代位继承。代位继承人一般只能继承他的父亲或者母亲有权继承的遗产份额。

《继承法》第十二条　丧偶儿媳对公、婆，丧偶女婿对岳父、岳母，尽了主要赡养义务的，作为第一顺序继承人。

《最高人民法院关于贯彻执行〈中华人民共和国继承法〉若干问题的意见》第二十五条　被继承人的孙子女、外孙子女、曾孙子女、外曾孙子女都可以代位继承，代位继承人不受辈数的限制。

《最高人民法院关于贯彻执行〈中华人民共和国继承法〉若干问题的意见》第二十九条　丧偶儿媳对公婆、丧偶女婿对岳父、岳母，无论其是否再婚，依继承法第十二条规定作为第一顺序继承人时，不影响其子女代位继承。

83. 继承人尽了主要扶养义务的，是否可以多分遗产？

【解答】

法定继承的一般原则是同一顺序的法定继承人应该平均分配

遗产，但在特殊情况下继承份额可以不均等，如果被继承人对继承人的生活提供了主要的经济来源或者在劳务等方面提供了主要扶助，那么在分配遗产时，可以予以多分。

【法律依据】

《继承法》第十三条　同一顺序继承人继承遗产的份额，一般应当均等。

对生活有特殊困难的缺乏劳动能力的继承人，分配遗产时，应当予以照顾。

对被继承人尽了主要扶养义务或者与被继承人共同生活的继承人，分配遗产时，可以多分。

有扶养能力和有扶养条件的继承人，不尽扶养义务的，分配遗产时，应当不分或者少分。

继承人协商同意的，也可以不均等。

《最高人民法院关于贯彻执行〈中华人民共和国继承法〉若干问题的意见》第三十条　对被继承人生活提供了主要经济来源，或在劳务等方面给予了主要扶助的，应当认定其尽了主要赡养义务或主要扶养义务。

84. 继承人以外的对被继承人扶养较多的人，可以分得遗产吗，遗产分配完毕后还是否能够主张？

【解答】

继承人以外的对被继承人扶养较多的人根据法律规定可以分得遗产，但其如果明知被继承人的法定继承人在分割遗产却没有提出要求的，人民法院一般不予受理。故如果其不知而未出请求的可以在二年之内起诉。

【法律依据】

《继承法》第十四条　对继承人以外的依靠被继承人扶养的缺乏劳动能力又没有生活来源的人，或者继承人以外的对被继承人扶养较多的人，可以分给他们适当的遗产。

《最高人民法院关于贯彻执行〈中华人民共和国继承法〉若干问题的意见》第三十一条　依继承法第十四条规定可以分给适当遗产的人，分给他们遗产时，按具体情况可多于或少于继承人。

《最高人民法院关于贯彻执行〈中华人民共和国继承法〉若干问题的意见》第三十二条　依继承法第十四条规定可以分给适当遗产的人，在其依法取得被继承人遗产的权利受到侵犯时，本人有权以独立的诉讼主体的资格向人民法院提起诉讼。但在遗产分割时，明知而未提出请求的，一般不予受理；不知而未提出请求，在二年以内起诉的，应予受理。

85. 再婚夫妻其中一方死亡，死亡一方的子女以享有继承权为由，侵占其夫妻共同财产的，如何保护夫妻另一方的权利？

【解答】

夫妻一方死亡，归其所有的夫妻共同财产份额发生继承，其子女对此财产份额享有继承权，但其仅享有继承权，并不意味着子女已经实际取得对该财产占有使用的权利，该子女占有使用该财产于法无据。如果子女提出的对涉案财产享有继承份额，应该由子女主张继承权，而不是直接强占。根据法律规定，公民的合法的民事权益受法律保护，任何组织和个人不得侵犯，占有的不动产被侵占的，占有人有权请求返还原物。夫妻一方可以起诉子女，要求返还占有物。

【法律依据】

《继承法》第二十六条　夫妻在婚姻关系存续期间所得的共同所有的财产，除有约定的以外，如果分割遗产，应当先将共同所有的财产的一半分出为配偶所有，其余的为被继承人的遗产。

《物权法》第二百四十五条　占有的不动产或者动产被侵占的，占有人有权请求返还原物；对妨害占有的行为，占有人有权请求排除妨害或者消除危险；因侵占或者妨害造成损害的，占有人有权请求损害赔偿。

占有人返还原物的请求权，自侵占发生之日起一年内未行使的，该请求权消灭。

86. 继承人因不愿与其他继承人因遗产继承发生纠纷，想要放弃继承权，应如何放弃继承权？

【解答】

继承权放弃应同时具备以下四个条件：第一，作出放弃继承权表示必须是享有继承权的人。第二，作出放弃继承权必须是在继承开始后，遗产处理以前。遗产处理后再作出放弃继承权表示，是抛弃所分得遗产的所有权。第三，必须以明确的方式放弃继承权。第四，放弃继承权不得附条件。

【法律依据】

《继承法》第二十五条 继承开始后，继承人放弃继承的，应当在遗产处理前，作出放弃继承的表示。没有表示的，视为接受继承。

受遗赠人应当在知道受遗赠后两个月内，作出接受或者放弃受遗赠的表示。到期没有表示的，视为放弃受遗赠。

《最高人民法院关于贯彻执行〈中华人民共和国继承法〉若干问题的意见》第四十六条 继承人因放弃继承权，致其不能履行法定义务的，放弃继承权的行为无效。

《最高人民法院关于贯彻执行〈中华人民共和国继承法〉若干问题的意见》第四十七条 继承人放弃继承应当以书面形式向其他继承人表示。用口头方式表示放弃继承，本人承认，或有其它充分证据证明的，也应当认定其有效。

《最高人民法院关于贯彻执行〈中华人民共和国继承法〉若干问题的意见》第四十九条 继承人放弃继承的意思表示，应当在继承开始后、遗产分割前作出。遗产分割后表示放弃的不再是继承权，而是所有权。

87. 继承人有义务偿还被继承人生前的债务吗，遗产不足清偿债务时，缺乏劳动能力又没有生活来源的继承人有权要求为其保留适当遗产吗？

【解答】

继承遗产应当清偿被继承人依法应当缴纳的税款和债务，但继承人对被继承人的遗产债务清偿只以遗产的实际价值为限，超过遗产实际价值部分，继承人不负清偿责任。在清偿遗产债务时，应遵循保留特留份原则，即使遗产的实际价值不足以清偿债务，也应当为需要特殊照顾的缺乏劳动能力又没有生活来源的继承人保留必要的遗产，以满足其基本生活需要。

【法律依据】

《继承法》第三十三条　继承遗产应当清偿被继承人依法应当缴纳的税款和债务，缴纳税款和清偿债务以他的遗产实际价值为限。超过遗产实际价值部分，继承人自愿偿还的不在此限。

继承人放弃继承的，对被继承人依法应当缴纳的税款和债务可以不负偿还责任。

《最高人民法院关于贯彻执行〈中华人民共和国继承法〉若干问题的意见》第六十一条　继承人中有缺乏劳动能力又没有生活来源的人，即使遗产不足清偿债务，也应为其保留适当遗产，然后再按继承法第三十三条和民事诉讼法第一百八十条的规定清偿债务。

88. 家庭承包方式的农村土地承包经营权可以继承吗？

【解答】

根据法律规定，农村土地家庭承包的，承包方是本集体经济组织的农户，其本质特征是以本集体经济组织内部的农户家庭为单位实行农村土地承包经营。家庭承包方式的农村土地承包经营权属于农户家庭，而不属于某一个家庭成员。遗产是公民死亡时遗留的个人合法财产。农村土地承包经营权不属于个人财产，故不发生继承问题。除林地外的家庭承包，当承包农地的农户家庭中的一人或几人死亡，承包经营仍然是以户为单位，承包地仍由该农户的其他家庭成员继续承包经营；当承包经营农户家庭的成员全部死亡，由于承包经营权的取得是以集体成员权为基础，该土地承包经营权归于消灭，不能由该农户家庭成员的继承人继续承包经营，更不能作为该农户家庭成员的遗产处理。

【法律依据】

《农村土地承包法》第十五条　家庭承包的承包方是本集体经济组织的农户。

《继承法》第三条　遗产是公民死亡时遗留的个人合法财产，包括：

(1)公民的收入；

(2)公民的房屋、储蓄和生活用品；

(3)公民的林木、牲畜和家禽；

(4)公民的文物、图书资料；

(5)法律允许公民所有的生产资料；

(6)公民的著作权、专利权中的财产权利；

(7)公民的其他合法财产。

89. 债务人以债权人已经过世为由，拒绝偿还债务，继承人有权继承债权吗？

【解答】

债是按照合同的约定或者依照法律的规定，在当事人之间产生的特定的民事权利和义务关系，其性质属于财产关系，并由债权人享有的债权和债务人负担债务构成其内容。所以债权人去世后，其履行标的为财物的债权中属于其个人的部分作为遗产由其继承人继承取得，并由继承人作为权利人向债务人主张债权。

【法律依据】

《继承法》第三条　遗产是公民死亡时遗留的个人合法财产，包括：

(1)公民的收入；

(2)公民的房屋、储蓄和生活用品；

(3)公民的林木、牲畜和家禽；

(4)公民的文物、图书资料；

(5)法律允许公民所有的生产资料；

(6)公民的著作权、专利权中的财产权利；

(7)公民的其他合法财产。

《最高人民法院关于贯彻执行〈中华人民共和国继承法〉若干问题的意见》第二条　公民可继承的其他合法财产包括有价证券和履行标的为财物的债权等。

90.“五保户”去世后，其遗产是否归居委会所有？

【解答】

“五保户”是指因无劳动能力、无生活来源、无法定赡养、抚养或扶养义务人或者法定赡养、抚养或扶养义务人无赡养、抚养或扶养能力，而在农村集体组织里享受保吃、保穿、保住、保医、保葬待遇的老年、残疾或者未满16周岁的村民。对“五保户”遗产应作如下处理：集体组织对“五保户”实行“五保”时，双方有扶养协议的，按协议处理；没有抚养协议，死者有遗嘱继承人或法定继承人要求继承的，按遗嘱继承或法定继承处理，但集体组织有权要求扣回“五保”费用。

【法律依据】

《最高人民法院关于贯彻执行〈中华人民共和国继承法〉若干问题的意见》第五条　被继承人生前与他人订有遗赠抚养协议，同时又立有遗嘱，继承开始后，如果遗赠抚养协议与遗嘱没有抵触，遗产分别按协议和遗嘱处理；如果有抵触，按协议处理，与协议抵触的遗嘱全部或部分无效。

《最高人民法院关于贯彻执行〈中华人民共和国继承法〉若干问题的意见》第五十五条　集体组织对“五保户”实行“五保”时，双方有扶养协议的，按协议处理；没有抚养协议，死者有遗嘱继承人或法定继承人要求继承的，按遗嘱继承或法定继承处理，但集体组织有权要求扣回“五保”费用。

91. 数份遗嘱相矛盾时，应以哪份遗嘱为准？

【解答】

遗嘱人订立多份遗嘱是法律所允许的，其关键就在这多份遗嘱应该依哪一份来执行。这主要看这多份遗嘱中的内容有无矛盾和抵触。如果遗嘱人订立的多份遗嘱无矛盾和抵触的地方，则法律承认每份的效力；而当多份遗嘱内容相互矛盾和抵触时，法律只认可其中的一份。首先，公证遗嘱的效力是最高的，无论公证遗嘱的内容与其他几份遗嘱的内容有何不同，都以公证遗嘱为准；其次，如果遗嘱人所立的数份遗嘱中没有公证遗嘱时，则认定最后所立的遗嘱具有最终的效力，按该遗嘱执行。

【法律依据】

《继承法》第二十条　遗嘱人可以撤销、变更自己所立的遗嘱。

立有数份遗嘱，内容相抵触的，以最后的遗嘱为准。

自书、代书、录音、口头遗嘱，不得撤销、变更公证遗嘱。

《最高人民法院关于贯彻执行〈中华人民共和国继承法〉若干问题的意见》第四十二条　遗嘱人以不同形式立有数份内容相抵触的遗嘱，其中有公证遗嘱的，以最后所立公证遗嘱为准；没有公证遗嘱的，以最后所立的遗嘱为准。

92. 间歇性精神病人所立的遗嘱有效吗？

【解答】

间歇性精神病人在发病期间属于不能辨认自己行为的精神病人，依法属于无民事行为能力人，所订立的遗嘱应当认定为无效。但是，没有被人民法院宣告为无行为能力的间歇性精神病人，在他精神正常的时候，应当认为具有行为能力，所立的遗嘱也应当有效。不过，由于间歇性精神病人的情况复杂，往往难以判断他在什么时候精神正常，什么时候精神不正常，所立的遗嘱到底是否有效，为了避免在继承开始后发生这种不必要的麻烦，建议遗嘱人在立遗嘱时可以经过公证机关证明，或者取得医疗机构的证明，以此证明自己在立遗嘱时精神正常、神志清楚、具备民事行为能力。

【法律依据】

《民法总则》第二十二条　不能完全辨认自己行为的成年人为限制民事行为能力人，实施民事法律行为由其法定代理人代理或者经其法定代理人同意、追认，但是可以独立实施纯获利益的民事法律行为或者与其智力、精神健康状况相适应的民事法律行为。

《继承法》第二十二条　无行为能力人或者限制行为能力人所立的遗嘱无效。

遗嘱必须表示遗嘱人的真实意思，受胁迫、欺骗所立的遗嘱无效。

伪造的遗嘱无效。

遗嘱被篡改的，篡改的内容无效。

《继承法》第二十七条　有下列情形之一的，遗产中的有关部分按照法定继承办理：

(1)遗嘱继承人放弃继承或者受遗赠人放弃受遗赠的；

(2)遗嘱继承人丧失继承权的；

(3)遗嘱继承人、受遗赠人先于遗嘱人死亡的；

(4)遗嘱无效部分所涉及的遗产；

(5)遗嘱未处分的遗产。

93. 遗赠扶养协议解除后，抚养人有权要求遗赠人补偿其支付的供养费用吗？

【解答】

遗赠扶养协议，是指公民（遗赠人、受扶养人）与扶养人或者集体所有制组织签订的关于扶养、遗赠的协议。遗赠扶养协议签订后，扶养人和受扶养人均须遵守协议的约定，双方都要履行各自的愿望。扶养人应当履行扶养义务，即按照扶养协议的约定对受扶养人给予生活上的照顾、扶助，受扶养人死亡后，负责丧葬事宜。假如扶养人不认真履行扶养义务，受扶养一方有权请求解除协议。受扶养人生前没有解除协议，对不尽扶养义务或者以非法手段夺取遗赠财产的扶养人，经受扶养人的继承人或者有关单位的请求，人民法院可以剥夺扶养人的受遗赠权。对于不认真履行扶养义务，致使受扶养人在生活上没有得到妥善照顾的，人民法院可以酌情对扶养人受遗赠的财产数额予以减少。受扶养人应当履行在其死后将其财产遗赠给扶养人的义务。受扶养人对在协议中指定遗赠给扶养人的财产，在生前享有占有、使用、收益的权利，但处分遗赠财产受到限制，如果受扶养人擅自处分财产导致扶养人的受遗赠权无法实现的，扶养人有权解除遗赠扶养协议，并要求受扶养人补偿已经付出的扶养费。

【法律依据】

《最高人民法院关于贯彻执行〈中华人民共和国继承法〉若干问题的意见》第五十六条　扶养人或集体组织与公民订有遗赠扶养协议，扶养人或集体组织无正当理由不履行，致协议解除的，不能享有受遗赠的权利，其支付的供养费用一般不予补偿；遗赠人无正当理由不履行，致协议解除的，则应偿还扶养人或集体组织已支付的供养费用。

94. 立遗嘱人订立遗嘱确定了房屋继承人，但在立遗嘱人死亡前该房屋被拆除，立遗嘱人并未修改遗嘱。立遗嘱人死亡后，遗嘱中确定的原房屋继承人能否就原房屋被拆迁后所得补偿房屋或补偿款主张继承？

【解答】

立遗嘱人在遗嘱中对财产的处分，是基于其对该财产的所有权，故立遗嘱人在立遗嘱后，还可通过各种法律允许的方式撤销其在原遗嘱中的财产处分行为。立遗嘱人在遗嘱中将房屋处分给他人后，又以补偿协议形式同意将房屋拆迁导致标的物灭失，应被视为其在立遗嘱后又以行为作出了与立遗嘱时相反的意思表示。对立遗嘱人而言，该补偿金或产权调换房屋属于立遗嘱后新获得的财产，由于立遗嘱人并未明确表示标的物被拆迁后的对价（补偿金或产权调换房屋的处分方式）作为遗嘱的组成部分，故不能将补偿金或产权调换房屋作为遗嘱中标的物的变更，故继承人不能主张继承。

【法律依据】

《国有土地上房屋征收与补偿条例》第二十五条　房屋征收部门与被征收人依照本条例的规定，就补偿方式、补偿金额和支付期限、用于产权调换房屋的地点和面积、搬迁费、临时安置费或者周转用房、停产停业损失、搬迁期限、过渡方式和过渡期限等事项，订立补偿协议。

《最高人民法院关于贯彻执行〈中华人民共和国继承法〉若干问题的意见》第三十九条　遗嘱人生前的行为与遗嘱的意思表示相反，而使遗嘱处分的财产在继承开始前灭失、部分灭失或所有权转移、部分转移的，遗嘱视为被撤销或部分被撤销。

95. 受遗赠人在立遗嘱人生前就知道该遗嘱，受遗赠人应该在知道该遗嘱2个月内还是在立遗嘱人死后2个月内表示接受？

【解答】

遗赠是指自然人以遗嘱的方式，将其个人的财产赠与国家、集体或者法定继承人以外的人，并于其死后发生法律效力的民事行为。将财产赠与他人的意思表示，虽然是在生前作出的，但只有于遗赠人死亡后该遗赠才发生法律效力，即遗赠人死亡前，不发生财产所有权的转移。因此，继承应从被继承人死亡时开始，被继承人活着时，即便做了遗赠公证，受遗赠人也不适宜在其生存时就表示接受遗赠，只能等被继承人死亡后再表达自己接受遗赠的意愿，故2个月的最早起算点应是从被继承人死亡之日起算。如果受遗赠人在被继承人死亡后才得知遗赠之事，应当在知道受遗赠后2个月内作出接受或者放弃受遗赠的表示。

【法律依据】

《继承法》第二十五条　继承开始后，继承人放弃继承的，应当在遗产处理前，作出放弃继承的表示。没有表示的，视为接受继承。

受遗赠人应当在知道受遗赠后两个月内，作出接受或者放弃受遗赠的表示，到期没有表示的，视为放弃受遗赠。

96. 什么样的录音遗嘱才有效，继承人能做遗嘱见证人吗？

【解答】

在进行录音遗嘱时最好做到以下几点，以确保录音遗嘱的真实有效：第一，录音遗嘱应由立遗嘱人及见证人明确、清楚地自述身份情况。第二，录音遗嘱只能由立遗嘱人亲自制作完成，录音遗嘱中应当明确记载立遗嘱人亲口表述的关于处分其财产的意思表示。第三，录音遗嘱应当记载做出遗嘱的时间和地址，以便确认录音遗嘱的效力。第四，录音遗嘱录制完毕，经回放校对无误后，应当封存录音遗嘱的载体，并由立遗嘱人、见证人共同验证、签名，并注明封存的日期，交见证人保存。第五，录音遗嘱实施时，见证人应当在继承人或受遗赠人、遗嘱执行人在场的情况下，当众开启封存的录音遗嘱载体，以确保录音遗嘱的真实性。同时，录音场地、时间、谁录的、见证人等都需要在录音中交代清楚。考虑到继承人与遗嘱有着直接的利害关系，继承人作见证人难以保证其证明的客观性和真实性，继承人不能作遗嘱见证人。

【法律依据】

《继承法》第十七条　公证遗嘱由遗嘱人经公证机关办理。

自书遗嘱由遗嘱人亲笔书写，签名，注明年、月、日。

代书遗嘱应当有两个以上见证人在场见证，由其中一人代书，注明年、月、日，并由代书人、其他见证人和遗嘱人签名。

以录音形式立的遗嘱，应当有两个以上见证人在场见证。

遗嘱人在危急情况下，可以立口头遗嘱。口头遗嘱应当有两个以上见证人在场见证。危急情况解除后，遗嘱人能够用书面或者录音形式立遗嘱的，所立的口头遗嘱无效。

《继承法》第十八条　下列人员不能作为遗嘱见证人：

(1)无行为能力人、限制行为能力人；

(2)继承人、受遗赠人；

(3)与继承人、受遗赠人有利害关系的人。

97. 立遗嘱人先后订立了两份遗嘱，一份自书遗嘱，一份公证遗嘱，自书遗嘱在前，公证遗嘱在后，但事后立遗嘱人反悔撤销了公证遗嘱，并再未订立其他遗嘱，原自书遗嘱是否还有效力？

【解答】

根据相关法律规定，遗嘱人以不同形式立有数份内容相抵触的遗嘱，其中有公证遗嘱的，以最后所立公证遗嘱为准；没有公证遗嘱的，以最后所立的遗嘱为准，仅仅只是说明遗嘱之间的效力高低的问题，公证遗嘱设立后，自书遗嘱的效力始终是存在的，不能推定自书遗嘱自动为公证遗嘱所撤销。在撤销公证遗嘱后，公证遗嘱的效力自始归于无效，在没有公证遗嘱的情况下，应以最后所立的遗嘱为准。自书遗嘱顺其自然变成了唯一遗嘱，应该按照该自书遗嘱执行遗产分配。

【法律依据】

《继承法》第二十条　遗嘱人可以撤销、变更自己所立的遗嘱。

立有数份遗嘱，内容相抵触的，以最后的遗嘱为准。

自书、代书、录音、口头遗嘱，不得撤销、变更公证遗嘱。

《最高人民法院关于贯彻执行〈中华人民共和国继承法〉若干问题的意见》第四十二条　遗嘱人以不同形式立有数份内容相抵触的遗嘱，其中有公证遗嘱的，以最后所立公证遗嘱为准；没有公证遗嘱的，以最后所立的遗嘱为准。

98. 代书遗嘱是遗嘱人真实意思表示，但是由于缺乏法律知识，导致遗嘱不符合法定形式要件，该代书遗嘱是否有效？

【解答】

当遗嘱人不能或不愿亲笔书写遗嘱时，可以制作代书遗嘱。有效的代书遗嘱应具备以下几个要件：(1)有两个以上的现场见证人。(2)由见证人之一为代书人。(3)遗嘱上须标明年、月、日。(4)代书人，其他见证人和遗嘱人签名。上述四个要件缺一不可，不具备这四个要件的代书遗嘱属无效，且法律规定无行为能力人、限制行为能力人、继承人、受遗赠人以及与继承人、受遗赠人有利害关系的人均不能作遗嘱的见证人，代书遗嘱中，立嘱人只盖章，未签字，也属于无效遗嘱，故不符合法定形式要件的遗嘱无效。

【法律依据】

《继承法》第十七条　公证遗嘱由遗嘱人经公证机关办理。

自书遗嘱由遗嘱人亲笔书写，签名，注明年、月、日。

代书遗嘱应当有两个以上见证人在场见证，由其中一人代书，注明年、月、日，并由代书人、其他见证人和遗嘱人签名。

以录音形式立的遗嘱，应当有两个以上见证人在场见证。

遗嘱人在危急情况下，可以立口头遗嘱。口头遗嘱应当有两个以上见证人在场见证。危急情况解除后，遗嘱人能够用书面或者录音形式立遗嘱的，所立的口头遗嘱无效。

《继承法》第十八条　下列人员不能作为遗嘱见证人：

(1) 无行为能力人、限制行为能力人；

(2) 继承人、受遗赠人；

(3) 与继承人、受遗赠人有利害关系的人。

《继承法》第十九条　遗嘱应当对缺乏劳动能力又没有生活来源的继承人保留必要的遗产份额。

99. 未为缺乏劳动能力又没有生活来源的继承人保留必要遗产份额的遗嘱是否有效？保留必要遗产份额的判断标准是什么？

【解答】

遗嘱人所立遗嘱未为缺乏劳动能力又没有生活来源的继承人保留必要遗产份额虽然违反《继承法》第十九条的规定，但并不会导致遗嘱无效，在遗产处理时，为该继承人留下必要的遗产，所剩余的部分，再参照遗嘱确定的分配原则处理即可。判断是否保留必要遗产份额应从遗嘱的实质内容进行分析，只要遗嘱人在处分遗产时为缺乏劳动能力又没有生活来源的继承人今后的生活作出了特别安排，即使形式上没有指定其继承遗产，亦不应当认定遗嘱人未保留缺乏劳动能力又没有生活来源的继承人的遗产份额。并且继承人是否缺乏劳动能力又没有生活来源，应按遗嘱生效时该继承人的具体情况确定。

【法律依据】

《继承法》第十九条　遗嘱应当对缺乏劳动能力又没有生活来源的继承人保留必要的遗产份额。

《最高人民法院关于贯彻执行〈中华人民共和国继承法〉若干问题的意见》第三十七条　遗嘱人未保留缺乏劳动能力又没有生活来源的继承人的遗产份额，遗产处理时，应当为该继承人留下必要的遗产，所剩余的部分，才可参照遗嘱确定的分配原则处理。

继承人是否缺乏劳动能力又没有生活来源，应按遗嘱生效时该继承人的具体情况确定。

100. 遗赠扶养协议与遗嘱继承和法定继承抵触时，应以哪个为准？

【解答】

遗赠扶养协议与遗嘱继承的效力要优于法定继承，只有在依照遗赠扶养协议或遗嘱继承分配遗产之后，还有剩余的遗产的，才按照法定继承处理。在遗赠扶养协议与遗嘱继承相抵触时，遗赠抚养协议的效力优于遗嘱继承。

【法律依据】

《继承法》第三十一条 公民可以与扶养人签订遗赠扶养协议。按照协议，扶养人承担该公民生养死葬的义务，享有受遗赠的权利。

公民可以与集体所有制组织签订遗赠扶养协议。按照协议，集体所有制组织承担该公民生养死葬的义务，享有受遗赠的权利。

《最高人民法院关于贯彻执行〈中华人民共和国继承法〉若干问题的意见》第五条 被继承人生前与他人订有遗赠抚养协议，同时又立有遗嘱，继承开始后，如果遗赠抚养协议与遗嘱没有抵触，遗产分别按协议和遗嘱处理；如果有抵触，按协议处理，与协议抵触的遗嘱全部或部分无效。

二、民间借贷篇

1. 民间借贷的含义是什么，它与我们日常生活中讲的“借钱”有什么区别？

【解答】

民间借贷，是指自然人、法人、其他组织之间及其相互之间，而非经金融监管部门批准设立的从事贷款业务的金融机构及其分支机构进行资金融通的行为。狭义的民间借贷是指公民之间依照约定进行货币或其他有价证券借贷的种民事法律行为。广义的民间借贷除上述内容外，还包括公民与法人之间以及公民与其他组织之间的货币或有价证券的借贷。现实生活中“借钱”通常指的是狭义上的民间借贷。

可见，民间借贷的概念是包含普通老百姓之间借钱的民事行为，两者的区别即在于主体范围的不同，关于民间借贷的法律规定与纠纷解决机制涵盖性适用自然人之间的借钱行为。在《最高人民法院关于审理民间借贷案件适用法律若干问题的规定》中，法人之间的民间借贷合法性被认可，金融贷款适用被排除。

【法律依据】

《最高人民法院关于审理民间借贷案件适用法律若干问题的规定》第一条　本规定所称的民间借贷，是指自然人、法人、其他组织之间及其相互之间进行资金融通的行为。经金融监管部门批准设立的从事贷款业务的金融机构及其分支机构，因发放贷款等相关金融业务引发的纠纷，不适用本规定。

2. 民间借贷与银行贷款的区别是什么？

【解答】

首先，贷款要求不同。银行贷款通常对借贷人的要求较为严格，通常是不允许存在着较高的贷款风险的，而民间借贷不同，只要借贷人有一定的还款能力，不管借贷人是银行黑户或是收入较低，基本都是能办理贷款的。

其次，贷款利率不同。一般来说，金融机构的收益和风险都是对等的，也就是说，若贷款门槛较低的话，那么为了保证风险，通常贷款利率就会较高，而银行通常要求较为严格，为此，在贷款利率方面都较低。

最后，放款速度不同。因为银行贷款要求严格，为此审批流程也会比较复杂缓慢，自然放款也就较慢，而民间借贷向来只需借贷双方签订好有关贷款合同后，就可发放贷款了，速度十分快。

事实上，如果借款人的个人资质情况比较好，可以优先考虑银行贷款，而如果借款人的个人资质情况比较糟糕，又急需用钱，则可以考虑民间借贷。

【法律依据】

《商业银行法》第七条　商业银行开展信贷业务，应当严格审查借款人的资信，实行担保，保障按期收回贷款。商业银行依法向借款人收回到期贷款的本金和利息，受法律保护。

3. 借条应符合怎样的特定格式？

【解答】

目前在我国，民间借贷的合同形式极不规范。民间借贷具有程序简单、操作简便的特点，可以采用口头或者书面的形式订立合同，相对于口头协议，借条等书面形式对借贷关系具有更直观的证明力。借条是具有法律效力的，如果借条写得不规范对债务人、债权人都会有所影响。那么规范的、具有法律效力的借条应该是怎么样的呢？

首先应找一张质量比较好比较厚的纸（便于保管），而且应是一张完整的纸来写。借条应写清楚这些内容：出借款人、币种、借款金额（金额应写大小写，且要一致，有人因为金额大小写不一致产生纠纷结果打官司）、用途（不能用于非法活动，如明知对方借钱用于非法活动还借其钱，则这种债权不受法律保护）、利率（和利息不一样，×%利率为年息，×‰利率为月息，约定的利率浮动不超过36%，超过部分法律不认可）、还款时间（影响诉讼时效的起算时间）、借款人（出借款人和借款人的姓名要和本人居民身份证上的姓名一样）、借款时间（农历还是公历）。如有证明人或担保人要让他签上名，但要写明是证明人还是担保人，以免发生纠纷。借条写好后最好复印一份，原件和复印件分开保管，这样即使原件不见了还有复印件也好点。

借条的标准格式范本

借条①

原因：今日由于个人财务紧张借×××1000 元人民币（壹仟圆人民币）

借款人：×××（签名）

借款日期：2017 年 10 月 1 日　还款日期：2018 年 8 月 1 日

借条②

甲方×××（身份证号：＊＊＊＊＊）今借乙方×××（身份证号：＊＊＊＊＊＊＊）人民币＊＊＊＊＊元。（大写）

借款期限为：＊＊＊＊年，从＊＊＊＊年＊＊月＊＊日到＊＊＊＊年＊＊月＊＊日。

借款利息为：月利率＊＊%

借款人签名：

日期：

【法律依据】

《合同法》第一百九十六条　借款合同是借款人向贷款人借款，到期返还借款并支付利息的合同。

《合同法》第一百九十七条　借款合同采用书面形式，但自然人之间借款另有约定的除外。

借款合同的内容包括借款种类、币种、用途、数额、利率、期限和还款方式等条款。

4. 借条与欠条有什么区别？

【解答】

生活中，很多人将借条与欠条不予区分，往往把借条错写为欠条。实际上借条与欠条的性质是不一样的，借条基于借贷关系产生，欠条背后的欠款关系则有多种形成的原因，比如买卖、租赁、利息等事实。通俗点讲，借款肯定是欠款，但欠款则不一定是借款。借款如果没有约定还款日期，那么债权人可以在任何时间索要，时效从债务人拒绝还款时起算，最长时效不得超过三年，如果约定了还款期限，则时效从还款期满时起算。欠条如果没有约定还款期限，则诉讼时效从欠款形成之日起算，约定还款期的从还款期满时起算。也就是说，约定了还款期的借条和欠条，时效是一样的，没有约定还款期的借条和欠条，则是有区别的。

【法律依据】

《民法通则》第八十八条　履行期限不明确的，债务人可以随时向债权人履行义务，债权人可以随时要求债务人履行义务，但应当给对方必要的准备时间。

《最高人民法院关于债务人在约定的期限届满后未履行债务而出具没有还款日期的欠款条诉讼时效期间应从何时开始计算问题的批复》　需方收货后因无款可付，经双方同意写了没有还款日期的欠款条。根据《中华人民共和国民法通则》第一百四十条的规定，对此应认定诉讼时效中断。如果供方在诉讼时效中断后一直未主张权利，诉讼时效期间则应从供方收到需方所写欠条之日的第二天开始重新计算。

5. 民间借贷的地域管辖如何确定？

【解答】

地域管辖解决在哪里打官司的问题，按照一般地域管辖，由被告人住所地法院管辖。根据《民诉法》第二十三条，其也可以由合同履行地人民法院管辖。如果被告住所地与合同履行地一致，那么问题很容易解决，如果出现二者不一致时，应如何确定呢？首先，借款合同中明确了履行地，双方争议应由履行地法院管辖；如果借款合同中未明确约定履行地，除当事人另有约定外，确定贷款方所在地为合同履行地，可见合同履行地是在出借方。民间借贷双方当事人一般为公民个人，若借款时没写借条，没约定利息，这样的合同属无偿合同，是实践性单务合同。当出借人将借款交付给借款人之后，出借人不再负有其他任何义务，合同的义务主要是借款人的义务，即具有给付货币付还出借人的义务，此时，双方当事人发生纠纷时，应适用《民诉法》第二十三条的规定，由被告地人民法院管辖。

综上，口头民间借贷纠纷由被告住所地人民法院管辖，适用《民诉法》第二十一条的规定。借款合同纠纷，除合同明确约定履行地外，履行地约定不明确的，由贷款方所在地，接受货币的债权的合同当事人住所地人民法院管辖，适用《民诉法》第二十三条、《合同法》第六十二条的规定；即给付金钱之债的履行地确定为债权人的住所地。

【法律依据】

《民事诉讼法》第二十一条　对公民提起的民事诉讼，由被告住所地人民法院管辖；被告住所地与经常居住地不一致的，由经常居住地人民法院管辖。

《民事诉讼法》第二十三条　因合同纠纷提起的诉讼，由被告住所地或者合同履行地人民法院管辖。

《合同法》第六十二条　当事人就有关合同内容约定不明确，

依照本法第六十一条的规定仍不能确定的，适用下列规定：(三)履行地点不明确，给付货币的，在接受货币一方所在地履行；交付不动产的，在不动产所在地履行；其他标的，在履行义务一方所在地履行。

《最高人民法院关于适用〈中华人民共和国民事诉讼法〉的解释》第十八条 合同约定履行地点的，以约定的履行地点为合同履行地。合同对履行地点没有约定或者约定不明确，争议标的为给付货币的，接收货币一方所在地为合同履行地；交付不动产的，不动产所在地为合同履行地；其他标的，履行义务一方所在地为合同履行地。即时结清的合同，交易行为地为合同履行地。合同没有实际履行，当事人双方住所地都不在合同约定的履行地的，由被告住所地人民法院管辖。

《最高人民法院关于审理民间借贷案件适用法律若干问题的规定》第三条 借贷双方就合同履行地未约定或者约定不明确，事后未达成补充协议，按照合同有关条款或者交易习惯仍不能确定的，以接受货币一方所在地为合同履行地。

6. 解决民间借贷纠纷可否采用调解的方式？

【解答】

可以。从现实角度而言，民间借贷的发生往往与当事人之间的友情、亲情、生意往来有关，当事人之间发生纠纷往往有复杂的原因和背景，调解的自愿性、调解过程的私密性有助于社会和谐，民间借贷纠纷当然适用调解的处理方式。具体来说，有以下几种调解方式：

第一种是诉讼调解，是指在法院诉讼过程中进行的调解，也包括当事人到法院起诉、法院正式立案前的诉讼调解。调解过程中，双方当事人可以自行和解，也可以在法官的调解下达成协议，调解协议可以由法院出具调解书予以确认。第二种是仲裁调解，是指在仲裁过程中进行的调解，这和诉讼调解很相似。第三种是人民调解，是由人民调解委员会、街道或村集体及乡镇司法所等基层组织或单位进行的调解，可以最大限度地发挥人民调解工作的优势，为当事人降低诉讼成本，为法院减轻负担。第四种是非公调解，即通过熟人或德高望重的人进行调解，这种调解更为灵活。诉讼调解、仲裁调解、人民调解所形成的调解协议都可以向法院申请执行，效力较强，而非公调解所形成的调解协议仍需要通过诉讼等方式来获得强制执行的效力。

【法律依据】

《民事诉讼法》第九条 人民法院审理民事案件，应当根据自愿和合法的原则进行调解；调解不成的，应当及时判决。

《最高人民法院关于人民法院民事调解工作若干问题的规定》第一条 人民法院对受理的第一审、第二审和再审民事案件，可以在答辩期满后裁判作出前进行调解。在征得当事人各方同意后，人民法院可以在答辩期满前进行调解。

《仲裁法》第五十一条 仲裁庭在作出裁决前，可以先行调解。当事人自愿调解的，仲裁庭应当调解。调解不成的，应当及时作出裁决。调解达成协议的，仲裁庭应当制作调解书或者根据协议的结果制作裁决书。调解书与裁决书具有同等法律效力。

《人民调解法》第二条 本法所称人民调解，是指人民调解委员会通过说服、疏导等方法，促使当事人在平等协商基础上自愿达成调解协议，解决民间纠纷的活动。

7. 只有口头约定的借款，如何证明当事人之间存在借贷关系？

【解答】

现实生活中大量存在(特别是熟人之间)只有口头约定的借款事实，由于自然人之间的借款合同在贷款方提供借款时才成立，口头借贷在还款时纠纷频发。借款人往往以不存在借贷关系、未收到借款或者已归还借款为托辞，此时问题即凝结为借贷关系真实存在的举证责任分配。传统观点认为，在民间借贷纠纷的举证责任分配中债权人应当对借贷余额、期限、利率及款项的交付等借款合意、借贷事实的发生承担证明责任，债权人仅提供口头约定，未提供交付凭证、合意凭证，债务人提出双方不存在借贷关系或其他关系抗辩的，债权人应当就双方存在借贷合意提供进一步证据，而借款人则对其已履行还款义务负有举证责任。

结合口头借贷合同的特点，提起诉讼的原告可以从以下方面组织证据：(1)对方当事人的自认事实的证据；(2)证人证言，要注意的是未成年人作出的与其年龄和智力状况不相当的证言、与一方当事人或代理人存在利害关系的证言均不能作为认定案件事实的依据；(3)视听资料，包括录音、录像等；(4)电子数据、包括电子邮件、手机短信、网络通信的聊天记录等。

【法律依据】

《民事诉讼法》第六十四条　当事人对自己提出的主张，有责任提供证据。

《最高人民法院关于民事诉讼证据的若干规定》第五条　在

合同纠纷案件中，主张合同关系成立并生效的一方当事人对合同订立和生效的事实承担举证责任；主张合同关系变更、解除、终止、撤销的一方当事人对引起合同关系变动的事实承担举证责任。

对合同是否履行发生争议的，由负有履行义务的当事人承担举证责任。

8. 因赌博、吸毒等违法行为而发生的借贷关系是否受法律保护？

【解答】

生活中常有借款人寻求借款用于吸毒、赌博等非法用途，而贷款人也对此情况明知的情形，这种情形下借款合同是无效的，法院会将涉案财物依法予以收缴。这个问题涉及意思自治与法律强制规范之间的界限范围，根据最高人民法院《关于依法妥善审理民间借贷纠纷案件，促进经济发展维护社会稳定的通知》，对于因赌博、吸毒等违法犯罪活动而形成的借贷关系或者出借人明知借款人是为了进行上述违法犯罪活动的借贷关系，依法不予保护。

根据法律规定，违反法律、行政法规强制性规定的民事行为无效，无效的民事行为是不受法律保护的。债权人无权要求债务人承担还款义务，同时当事人还必须为自己从事的违法行为接受人民法院的制裁。因此，当事人只有合法地与他人建立借贷关系，才能得到法律的保护。

【法律依据】

《合同法》第五十二条　有下列情形之一的，合同无效：

(1) 一方以欺诈、胁迫的手段订立合同，损害国家利益；

(2) 恶意串通，损害国家、集体或者第三人利益；

(3) 以合法形式掩盖非法目的；

(4) 损害社会公共利益；

(5) 违反法律、行政法规的强制性规定。

《最高人民法院关于审理民间借贷案件适用法律若干问题的规定》第十四条　具有下列情形之一，人民法院应当认定民间借贷合同无效：

(1) 套取金融机构信贷资金又高利转贷给借款人，且借款人事先知道或者应当知道的；

(2) 以向其他企业借贷或者向本单位职工集资取得的资金又转贷给借款人牟利，且借款人事先知道或者应当知道的；

(3) 出借人事先知道或者应当知道借款人借款用于违法犯罪活动仍然提供借款的；

(4) 违背社会公序良俗的；

(5) 其他违反法律、行政法规效力性强制性规定的。

9. 仅凭借条能否证明大额借款关系存在?

【解答】

对于没有明确的转账凭证与借贷对话记录的大额借款关系，若只有借条作为证据，仅凭贷款人单方面制作的明细情况，无法认定借贷关系，法院一般不予支持。原告仅依据借据、收据、欠条等债权凭证提起民间借贷诉讼，被告抗辩已经偿还借款，被告应当对其主张提供证据证明。被告提供相应证据证明其主张后，原告仍应就借贷关系的成立承担举证证明责任。被告抗辩借贷行为尚未实际发生并能作出合理说明，人民法院应当结合借贷金额、款项交付、当事人的经济能力、当地或者当事人之间的交易方式、交易习惯、当事人财产变动情况以及证人证言等事实和因素，综合判断查证借贷事实是否发生。

民间借贷案件具有实践性特征，借贷合同的成立，不仅要有当事人的合意，还要有交付钱款的事实。尤其是对于大额借款，涉及几十万至几百万的金额，当事人主张是现金交付，除了借条没有其他相关证据的，则还要通过审查债权人自身的经济实力、债权债务人之间的关系、交易习惯及相关凭证、证人证言等来判断当事人的主张是否能够成立，仅凭借条并不足以证明交付钱款的事实。

【法律依据】

《最高人民法院关于审理民间借贷案件适用法律若干问题的规定》第十九条　人民法院审理民间借贷纠纷案件时发现有下列情形，应当严格审查借贷发生的原因、时间、地点、款项来源、交付方式、款项流向以及借贷双方的关系、经济状况等事实，综合判断是否属于虚假民事诉讼：

（1）出借人明显不具备出借能力；

（2）出借人起诉所依据的事实和理由明显不符合常理；

（3）出借人不能提交债权凭证或者提交的债权凭证存在伪造的可能；

（4）当事人双方在一定期间内多次参加民间借贷诉讼；

(5)当事人一方或者双方无正当理由拒不到庭参加诉讼，委托代理人对借贷事实陈述不清或者陈述前后矛盾；

(6)当事人双方对借贷事实的发生没有任何争议或者诉辩明显不符合常理；

(7)借款人的配偶或合伙人、案外人的其他债权人提出有事实依据的异议；

(8)当事人在其他纠纷中存在低价转让财产的情形；

(9)当事人不正当放弃权利；

(10)其他可能存在虚假民间借贷诉讼的情形。

10. 原告持有借条而借条上记述出借人姓名与原告同音不同字(即写错字)，能否认定原告是实际出借人?

【解答】

生活中借条的书写往往会出现些许疏忽，当经人介绍或其他情形下借款人将出借人的姓名写错也时有发生，出借人面对纠纷时首先需确认诉讼的主体资格，只要借条由出借人持有，可以提供汇款凭证或证人证言等初步证据，即可以推定出借人具有诉讼主体资格。民间借贷活动中，在未签订借款合同的情况下，借条的书写一定要规范，双方当事人在书写姓名、借款日期、还款期限、利息及保证人等事项时一定要格外留心。

【法律依据】

《最高人民法院关于审理民间借贷案件适用法律若干问题

的规定》第二条　出借人向人民法院起诉时，应当提供借据、收据、欠条等债权凭证以及其他能够证明借贷法律关系存在的证据。

当事人持有的借据、收据、欠条等债权凭证没有载明债权人，持有债权凭证的当事人提起民间借贷诉讼的，人民法院应予受理。被告对原告的债权人资格提出有事实依据的抗辩，人民法院经审理认为原告不具有债权人资格的，裁定驳回起诉。

11. 民间借贷的借款人拒不还钱会坐牢吗?

【解答】

一般而言，民间借贷欠钱不还是民事纠纷，应当向法院起诉，不会坐牢。坐牢属于触犯《刑法》，需要承担刑事责任的情形，借款人只有在有能力而拒不执行法院生效的归还借款判决、裁定的情况下，涉嫌拒不执行判决、裁定罪。

【法律依据】

《刑法》第三百一十三条　对人民法院的判决、裁定有能力执行而拒不执行，情节严重的，处三年以下有期徒刑、拘役或者罚金；情节特别严重的，处三年以上七年以下有期徒刑，并处罚金。

单位犯前款罪的，对单位判处罚金，并对其直接负责的主管人员和其他直接责任人员，依照前款的规定处罚。

12. 公司法定代表人出具借条时未明确其身份，是个人借款还是公司借款?

【解答】

对于一般情况，未注明借款主体，在落款处盖章签字的均为借款主体。现实生活中，经常出现公司法定代表人以公司名义借款，借条上只有法定代表人签名而无公司印章，或者既有法定代表人签名同时又加盖公司印章的情形，此时应当如何认定借款人?《最高人民法院关于审理民间借贷案件适用法律若干问题的规定》第二十三条以资金用途对被告的选择作了区分。可以证明借款由法定代表人个人使用，出借人可请求将法定代表人列为共同被告或第三人。可以证明借款用于企业生产经营，出借人可请求企业共同承担责任。企业和法定代表人均有过错的情况下、由债权人根据具体的借款适用情况确定起诉的主体、并非谁签订借款协议谁偿还借款。企业法定代表人或负责人借款法律后果的认定：(1)以企业名义借个人用个人应担责；(2)以个人名义借企业用，企业担责任。本规定突破了合同的相对性原则、而采取资金实际使用人连带担责的追责原则。因此关键得看借贷资金的用途，以此作为判断的标准。

【法律依据】

《最高人民法院关于审理民间借贷案件适用法律若干问题的规定》第二十三条　企业法定代表人或负责人以企业名义与出借人签订民间借贷合同，出借人、企业或者其股东能够证明所借款项用于企业法定代表人或负责人个人使用，出借人请求将企业法定代表人或负责人列为共同被告或者第三人的，人民法院应予准许。

企业法定代表人或负责人以个人名义与出借人签订民间借贷合同，所借款项用于企业生产经营，出借人请求企业与个人共同承担责任的，人民法院应予支持。

13. 名为房屋买卖，实为借贷担保合同的，发生纠纷时怎样认定合同性质？

【解答】

民间借款案件中，职业高利贷放贷者常常会要求借款人就作为担保的房产与其另行签订一份房屋买卖协议。该房屋买卖协议在借款人按期归还本息的情况下，职业高利贷放贷者不会要求借款人履行，但当借款人无力偿还高利贷本息时，职业高利贷放贷者就会要求借款人将作为担保的房产过户给其，房款则用借款本息予以冲抵。

对于此类房屋买卖合同的效力，审判实务中存在以下几种观点。第一种观点认为，双方在借贷合同之外，经自愿协议后签订房屋买卖合同，不违反法律规定，合法有效。第二种观点认为，双方签订房屋买卖合同的真实目的是将房屋作为借款的担保，因此房屋买卖关系不成立。第三种观点也认为，双方签订房屋买卖合同的真实目的是将房屋作为借款的担保，并认为此种约定违反法律禁止流质契约的规定，属于无效合同。

笔者同意第三种意见，在作出相应事实认定的前提下，双方签订房屋买卖合同的真实目的是将房屋作为借款的担保是显而易见的，因此房屋买卖合同的履行只是具体实现担保债权的方式、该合同虽然已成立，但双方之约定，是借款人与职业高利贷放贷者在债务履行期届满前，就变相约定作为担保的房产财产归出借人所有，违反《物权法》第186条、《担保法》第40条的规定，属于无效合同。

【法律依据】

《物权法》第一百八十六条　抵押权人在债务履行期届满前，不得与抵押人约定债务人不履行到期债务时抵押财产归债权人所有。

《担保法》第四十条　订立抵押合同时，抵押权人和抵押人在合同中不得约定在债务履行期届满抵押权人未受清偿时，抵押物的所有权转移为债权人所有。

《最高人民法院关于审理民间借贷案件适用法律若干问题的规定》第二十四条　当事人以签订买卖合同作为民间借贷合同的担保，借款到期后借款人不能还款，出借人请求履行买卖合同的，人民法院应当按照民间借贷法律关系审理，并向当事人释明变更诉讼请求。当事人拒绝变更的，人民法院裁定驳回起诉。

按照民间借贷法律关系审理作出的判决生效后，借款人不履行生效判决确定的金钱债务，出借人可以申请拍卖买卖合同标的物，以偿还债务。就拍卖所得的价款与应偿还借款本息之间的差额，借款人或者出借人有权主张返还或补偿。

14. 向他人借款进行合作炒股，是民间借贷还是委托理财关系？

【解答】

委托理财案件是指委托人与受托人签订委托理财合同约定受托人进行投资理财，收益分配等问题，在投资理财过程中因委托资金遭受损失而在委托人与受托人之间产生的合同纠纷。委托理财与民间借贷属于完全不同的法律关系，但实践中有交叉。表面上看做委托理财协议、炒股协议的合同，而当事人双方签订协议约定由一方出借另一方款项进行合作炒股并享受分红，但出借人实际不参与炒股，也不承担炒股风险，并约定无论盈亏均按期收回本息，这样的协议符合民间借贷纠纷的特征，应认定为借贷关系。

另一种情况下，一方提供资金及自己的证券账户给对方炒股，虽然双方约定出资方享有固定收益，但出资方实际上可按约出售股票并控制账户密码，双方之间应认定为委托理财关系。

【法律依据】

《关于审理金融市场上委托理财类合同纠纷案件的若干规定》 委托理财类合同纠纷案件是指因委托人和受托人约定，委托人将其资金、证券等金融性资产委托给受托人，由受托人在证券、期货等金融市场上从事股票、债券等金融工具的组合投资、管理活动所引发的合同纠纷案件。

《合同法》第三百九十六条　委托合同是委托人和受托人约定，由受托人处理委托人事务的合同。

《合同法》第三百九十七条　委托人可以特别委托受托人处理一项或者数项事务，也可以概括委托受托人处理一切事务。

15. 非金融机构的企业或者其他组织之间的借贷合同是否有效?

【解答】

在2015年最高法《民间借贷规定》颁布前，我们在以往的判例中发现，如题目所列情形，法院通常认为，此类公司之间的借款纠纷属于企业之间的横向借贷关系，非国家金融机构不能对外借出资金，其与借款公司之间的借款合同关系违反了法律禁止性规定，属于无效合同。根据无效合同的处理原则，借款公司应将借款本金返还出借公司，且出借公司不能依据无效合同获得利益，法院不予支持其要求借款公司支付利息的请求。

2013 年 9 月，最高法院在全国法院商事审判工作座谈会上提出，在商事审判中，对于企业间借贷，应当区别认定不同借贷行为的性质与效力。对不具备从事金融业务资质，但实际经营放贷业务、以放贷收益作为企业主要利润来源的，应当认定借款合同无效。对不具备从事金融业务资质的企业之间为生产经营需要所进行的临时性资金拆借行为，如提供资金的一方并非以资金融通为常业，不属于违反国家金融管制的强制性规定的情形，不应当认定借款合同无效。

新出台的《民间借贷规定》正式认可了企业间借贷合同的效力，将自然人、法人、其他组织均纳入民间借贷的主体范围，把《物权法》规定的物权平等保护原则落到实处。不过，司法解释对企业间借贷合同有效性的认可是有条件的，从《民间借贷规定》第 11 条的规定来看，企业间借贷合同有效须满足：为生产、经营需要订立。这一积极要件和不存在“合同法第五十二条、本规定第十四条规定的情形”这一消极要件。

但是，在纠纷发生时，借款目的是否为生产、经营需要这一要件事实，究竟由哪一方负有举证责任，仍需探讨。认定借款目的为生产、经营需要的判断标准是什么，也有待于将来的案例进一步明确。

【法律依据】

《最高人民法院关于审理民间借贷案件适用法律若干问题的规定》第十一条 法人之间、其他组织之间以及它们相互之间为生产、经营需要订立的民间借贷合同，除存在合同法第五十二条、本规定第十四条规定的情形外，当事人主张民间借贷合同有效的，人民法院应予支持。

16. 民间借贷纠纷中视听资料能否单独作为定案依据?

【解答】

民间借贷纠纷在法庭举证过程中，也就是司法实践中，尤其是民事诉讼中的当事人绝大多数是采用私录的办法来获取视听资料的，即人们通常理解的“偷录偷拍”。如何来界定该种行为的性质？可以从以下几方面考虑不能一概加以肯定或者否定，应当具体问题具体分析。根据最高人民法院《关于民事诉讼证据的若干规定》，偷拍偷录手段不是非法证据排除的依据。视听资料有无证据能力关键在于其取得是否侵害了他人的合法权益或违反了法律的禁止性规定，另外利用补强证据规则看其是否存在疑点。首先，录制者录制的是自己与另一方诉讼当事人之间的谈话、行为等活动，不过是再现事实发生和发展过程的一种表达方式，并不是录制他人之间的谈话，所以只要不构成对对方当事人的隐私权等合法权益的侵害，不论采用什么方式获取都可以作为认定案件事实的根据。其次，录制的内容是对具有法律意义的民事活动的记录还是涉及他人隐私、商业秘密等。

从实践来看，当事人一般录制的是具有法律意义的民事活动，不构成对他人合法权益的侵害。最后，被录制者的表达是在意志自由的情况下做出的，还是受到了欺诈、威胁、利诱等恶意方式的不良影响。如果被录制者虽然对录制活动不知情但是其意志处于自由状态，那么他的谈话及行为也是其内心真实意思的表达，所以不存在侵权的问题。

【法律依据】

《最高人民法院关于民事诉讼证据的若干规定》第六十八条 以侵害他人合法权益或者违反法律禁止性规定的方法取得的证据，不能作为认定案件事实的依据。

《最高人民法院关于民事诉讼证据的若干规定》第六十九条 下列证据不能单独作为认定案件事实的依据：(三)存有疑点的视听资料。

17. 短信、微信聊天记录能否作为认定借款案件事实的证据？

【解答】

现如今即时通讯的发展，很多借贷纠纷中广泛存在没有形式上的借款合同，但存有聊天记录可反映借款事实的情形。《电子签名法》说明了数据电文是有别于书证和视听资料的证据形式，具有单独成为证据形式的可行性。手机短信是以手机为传播终端与载体的文本、图片或者声音文件，其本质是一种数据信息流，手机短信的操作流程及其特点决定其可以成为数据电文的一种，属于数据电文的范畴。由此可以看出，手机短信只要符合证据属性，能够“证明案件真实情况”就可以作为证据使用。这一点是毋庸置疑的，在法律实践中，也已经得到了广泛的认可。具体到民间借贷纠纷，短信的内容可以认定双方之间存在借贷合意，借贷关系已经实际发生。

对于短信真实性的审查，通常认为，短信发送后经过 SP 平台储存并发送给接收人，只要对方不能证明这个过程存在瑕疵，短信证据就可以被采信作为原始证据。

【法律依据】

《民事诉讼法》第六十三条 证据有下列几种：(1)书证；(2)物证；(3)视听资料；(4)证人证言；(5)当事人的陈述；(6)鉴定结论；(7)勘验笔录。以上证据必须查证属实，才能作为认定事实的根据。

《电子签名法》第二条 本法所称电子签名，是指数据电文中以电子形式所含、所附用于识别签名人身份并表明签名人认可其中内容的数据。

本法所称数据电文，是指以电子、光学、磁或者类似手段生成、发送、接收或者储存的信息。

《电子签名法》第七条 数据电文不得仅因为其是以电子、光学、磁或者类似手段生成、发送、接收或者储存的而被拒绝作为证据使用。

《电子签名法》第八条 审查数据电文作为证据的真实性，应当考虑以下因素：(1)生成、储存或者传递数据电文方法的可靠性；(2)保持内容完整性方法的可靠性；(3)用以鉴别发件人方法的可靠性；(4)其他相关因素。

18. 支付宝等在线交易记录能否作为证据来证明当事人之间存在民间借贷关系？

【解答】

支付宝、微信支付等即时无现金支付功能受到了广大国民的好评热捧，民间借贷通过支付宝走账的方式也愈发普遍。由于民间借款是实践性合同，故款项是否已经实际支付是确定借款合同成立的一项重要标准。支付宝账户作为第三方支付平台的收款账户，通过调取相关时间段内的交易记录信息，可以认定借款人账户的资金流入，再结合其他证据形成完整的证据链条，构成基本事实之间的逻辑关系，由法院对借款事实的真实性进行认定。在《最高人民法院关于审理民间借贷案件适用法律若干问题的规定》中，亦对在线支付的借款予以了认可。

【法律依据】

《民事诉讼法》第六十三条　证据有下列几种：(1)书证；(2)物证；(3)视听资料；(4)证人证言；(5)当事人的陈述；(6)鉴定结论；(7)勘验笔录。以上证据必须查证属实，才能作为认定事实的根据。

《最高人民法院关于审理民间借贷案件适用法律若干问题的规定》第九条　具有下列情形之一，可以视为具备合同法第二百一十条关于自然人之间借款合同的生效要件：……(2)以银行转账、网上电子汇款或者通过网络贷款平台等形式支付的，自资金到达借款人账户时；……(5)出借人以与借款人约定的其他方式提供借款并实际履行完成时。

19. 贷款人依照约定将借款付给第三人的，借款人是否应当还款？

【解答】

民间借贷合同是一种民事合同，贯彻意思自治的原则。只要在合法的前提下，当事人就可以根据自己的需要在民间借贷合同中约定各种符合自身意思的条款。本题就预设借款人和贷款人之间作出一个特别的约定，由贷款人将款项直接支付给第三人，这种约定没有违反法律的规定，属于当事人可以在合同中自行约定的范围，所以是有效的。在形成合法证据链的情形下，借款人依然需要承担还款责任。

【法律依据】

《合同法》第四条　当事人依法享有自愿订立合同的权利，任何单位和个人不得非法干预。

《合同法》第七条　当事人订立、履行合同，应当遵守法律、行政法规，尊重社会公德，不得扰乱社会经济秩序，损害社会公共利益。

20. 借款人借款被他人诈骗取得的，借条上的借款人是否承担还款责任？

【解答】

民间借贷合同的借款人和贷款人彼此之间应该达成借款的合

意并有款项的实际交接。一般情况下，借款合同或借条上的借款人就是合同的当事人，要承担还款责任。但如果借款人有证据证明借款已经被其他人诈骗取得，名义借款人实际并未接受、使用借款，贷款人就不能要求名义借款人还款，而应该通过刑事诉讼程序追回借款。当然，名义借款人如果主张自己属于这种情况，就必须提供证据证明，证明成立，名义借款人可以不承担还款责任，不能证明的，名义借款人承担责任。

【法律依据】

《中华人民共和国刑法》第三十六条　由于犯罪行为而使被害人遭受经济损失的，对犯罪分子除依法给予刑事处罚外，并应根据情况判处赔偿经济损失。

《中华人民共和国刑事诉讼法》第七十七条　被害人由于被告人的犯罪行为而遭受物质损失的，在刑事诉讼过程中，有权提起附带民事诉讼。

21. 在他人借条上签名，未注明身份，该如何认定？

【解答】

民间借贷纠纷中，借据凭证上借款人有多个签名，其一的借款人主张自己不是借款人，也不是担保人，签名只是做一个见证人，试图摆脱还款责任。但该借款人是完全民事行为能力人的，应当知道作为担保人、保证人、见证人签字与借款人签字在法律上应承担不同的法律责任，但其在借条上签字时未注明自己的身份。该借款人书写在相对应有借款人的下方签字捺印，书写格式符合多个债务人借款的借条的书写格式。此时该借款人作为被告应提供足以推翻借据本证的证据进行反驳，否则法院不予支持，其应与其他借款人承担共同还款责任。

【法律依据】

《关于民事诉讼证据的若干规定》第二条　当事人对自己提出的诉讼请求所依据的事实或者反驳对方诉讼请求所依据的事实有责任提供证据加以证明。

没有证据或者证据不足以证明当事人的事实主张的，由负有举证责任的当事人承担不利后果。

《最高人民法院关于审理民间借贷案件适用法律若干问题的规定》第二十一条　他人在借据、收据、欠条等债权凭证或者借款合同上签字或者盖章，但未表明其保证人身份或者承担保证责任，或者通过其他事实不能推定其为保证人，出借人请求其承担保证责任的，人民法院不予支持。

22. 被告否认其出具借条的真实性该怎么办？

【解答】

由于民间借贷关系的双方当事人之间多有亲属关系或同事、同乡、同学、朋友等社会关系，在借贷形式上较为简单和随意。不签订书面协议或仅仅由借款人具一张内容简单的借据的情况较多，可以说借款手续不完备是民间借贷的一大特点，一旦发生纠纷，当事人有时很难举出说服力很强的证据。民间借贷纠纷的审理重点在于证据的确认，这也是审理的难点，而证据确认的难点，在于举证责任的分配。只要确认了主要证据，就能最大限度保护债权人的合法利益。

司法实践中，作为举证主要原则之一的“谁主张谁举证”，在遇到鉴别借条真伪的问题时，却常常会面临困境。被告的一句“借条不是自己所写”，到底应该认定为其答辩的事实主张，还是抗辩理由？如果法院认可其是事实主张，那么被告就负有证明自己主张事实成立的证明责任，应当申请笔迹鉴定，否则将承担举证不能的后果。但如果法院认可其答辩是辩解理由，那么被告无须再提出证据加以证明，不用再为此承担举证责任。举证责任的分配可以遵循两个规则：一是造成事实不清的一方当事人应当承担举证责任；二是控制证据的一方应当完成举证责任。借条在原告手上，原告就有义务证明签字是谁签的、并达到合理的证明力。因此，如果被告否认借条真实性，原告对申请鉴定负有举证责任；但如果被告对鉴定不予配合，则承担举证责任。

【法律依据】

《最高人民法院关于审理民间借贷案件适用法律若干问题的规定》第十六条　原告仅依据借据、收据、欠条等债权凭证提起民间借贷诉讼，被告抗辩已经偿还借款，被告应当对其主张提供证据证明。被告提供相应证据证明其主张后，原告仍应就借贷关系的成立承担举证证明责任。

23. 借款人订立借款合同时为未成年人，其缔约能力该如何认定？

【解答】

缔约能力即缔约上的行为能力，是指当事人为取得民事权利或承担民事义务，按照自己的意志独立地订立合同的能力。简言之，缔约能力是当事人缔结合同并使之有效的能力。它是合同成立的重要条件之一，并与民事行为能力有着密不可分的关系，影响缔约能力的因素是多方面的，包括年龄、智力、合同的类型等，因而未成年人与成年人的缔约能力是不同的。完全民事行为能力人具有完全有效的缔约能力，完全民事行为能力人指年满十八周岁的公民或者年满十六周岁依靠自己劳动收入为主要生活来源的公民。

依我国《民法总则》规定，不满八岁的未成年人所为民事行为皆为无效行为，所以借款人不满八周岁的借款合同无效。若借款人是限制民事行为能力人，所借金额较大，远超日常生活所需，明显与其年龄、智力不相适应（此项需要个案断定），该行为应由其法定代理人代理或征得法定代理人同意，否则该行为同样无效。如果借款人在纠纷庭审时已满十八周岁并同意向出借人承担还款责任，法院可对此予以认可。

【法律依据】

《民法总则》第十七条 十八周岁以上的自然人为成年人。不满十八周岁的自然人为未成年人。

《民法总则》第十八条 成年人为完全民事行为能力人，可以独立实施民事法律行为。

十六周岁以上的未成年人，以自己的劳动收入为主要生活来源的，视为完全民事行为能力人。

《民法总则》第十九条 八周岁以上的未成年人为限制民事行为能力人，实施民事法律行为由其法定代理人代理或者经其法定代理人同意、追认，但是可以独立实施纯获利益的民事法律行为或者与其年龄、智力相适应的民事法律行为。

《民法总则》第二十条 不满八周岁的未成年人为无民事行为能力人，由其法定代理人代理实施民事法律行为。

24. 借款人一次性还款时应该注意什么事项？

【解答】

审判实践中的借贷纠纷常有借款人将借款一次性还清或者通过以物抵债等方式将借款结清后，出借人对借款人的出借行为不予认可。在借款人一次性还款中，为避免日后的诉讼风险，借款人应尽量收回原始借条，如无法收回，应当要求出借人出具收条，收条内容要详尽清晰，避免歧义。在审判实践中，有一些贷款人在借款人偿还借款时以各种理由称借条已经丢失故意不返还借条、更有甚者是当面撕毁假借条，保留真借条。因此借款人在该种情况下，要求贷款人出具收条是为了防止贷款人日后以原借条提起诉讼，导致举证责任转移到借款人一方引起不必要的麻烦和可能承担败诉的风险。

【法律依据】

《最高人民法院关于审理民间借贷案件适用法律若干问题的规定》第十六条 原告仅依据借据、收据、欠条等债权凭证提起民间借贷诉讼，被告抗辩已经偿还借款，被告应当对其主张提供证据证明。被告提供相应证据证明其主张后，原告仍应就借贷关系的成立承担举证证明责任。

25. 婚内夫妻间的借款行为是否属于民间借贷？

【解答】

首先，夫妻间婚内订立借款合同是可以成立的。夫妻财产制度在我国分为两种，一个是法定财产制，一个是约定财产制。在约定财产之中又分为三类，约定财产共同制、约定财产部分共同制以及约定分别财产制。如果夫妻二人在婚姻关系存续期间约定了分别财产制，那么一旦双方订立借款协议，就要按照合同法的原则来处理，既然财产属于分别所有，就要按照普通的民间借贷来认定。婚内借贷其实和普通的民间借贷别无二样。但是如果夫妻二人财产属于典型的共同财产，没有其他约定，一人借款又是为了双方的家庭共同开支，明显不能归于民间借贷，就好比自己管自己借钱，债务关系不成立。所以要明确夫妻之间的借贷关系还要看具体的夫妻财产制是什么形式并根据具体情形进行处理。

【法律依据】

《婚姻法》第十九条　夫妻可以约定婚姻关系存续期间所得的财产以及婚前财产归各自所有、共同所有或部分各自所有、部分共同所有。约定应当采用书面形式。没有约定或约定不明确的，适用本法第十七条、第十八条的规定。

夫妻对婚姻关系存续期间所得的财产以及婚前财产的约定，对双方具有约束力。

夫妻对婚姻关系存续期间所得的财产约定归各自所有的，夫或妻一方对外所负的债务，第三人知道该约定的，以夫或妻一方所有的财产清偿。

26. 夫妻一方单独对外举债是否均认定为夫妻共同债务？

【解答】

债权人就婚姻关系存续期间夫妻一方一个人名义所负债务主张权利，是否按夫妻共同债务处理，应依据法律规定和结合实际情况来判断。当夫或妻以自己的名义单独与他人发生债的关系时，不论是债权人或举债人，如果没有证据证明事前或事中、事后已将有关举债的事由、内容或举债数额告知其配偶，并征得配偶同意或直接在借据上签名的情形存在，同时也没有证据证明配偶一方共同享受了因债务人该举债行为带来的共同利益的，则可因配偶一方对另一方与他人发生举债之事根本不知情，无法控制该举债行为的发生以及所借款项的使用等，根据债务关系相对性原则，应认定由举债人独立作为债务人来承担还款责任，而不应当将上述债务一律视为夫妻共同债务，由配偶共同偿还。当然，对于夫或妻一方因参与赌博、吸毒或与婚外第三者消费所产生的债务或其他由于其个人从事违法行为产生的债务，均应当由行为人自己承担偿还债务的责任，不应损害无辜者的利益。

《最高人民法院关于审理涉及夫妻债务纠纷案件适用法律有关问题的解释》通过合理分配举证证明责任，有效平衡了债权人和债务人配偶一方的利益保护。在夫妻一方具名举债的情况下，尤其是大额债务，债权人主张该债务属于夫妻共同债务的，应当承担举证证明责任，否则由其承担举证不能的法律后果，因此在民间借贷过程中债权人要加强事前风险防范，在形成债务尤其是大额债务时，要对债务性质加强识别，避免不必要的损失。

【法律依据】

《婚姻法》第四十一条　离婚时，原为夫妻共同生活所负的债务，应当共同偿还。共同财产不足清偿的，或财产归各自所有的，由双方协议清偿；协议不成时，由人民法院判决。

《最高人民法院关于审理涉及夫妻债务纠纷案件适用法律有关问题的解释》第一条　夫妻双方共同签字或者夫妻一方事后追认等共同意思表示所负的债务，应当认定为夫妻共同债务。

《最高人民法院关于审理涉及夫妻债务纠纷案件适用法律有关问题的解释》第二条　夫妻一方在婚姻关系存续期间以个人名义为家庭日常生活需要所负的债务，债权人以属于夫妻共同债务为由主张权利的，人民法院应予支持。

《最高人民法院关于审理涉及夫妻债务纠纷案件适用法律有关问题的解释》第三条　夫妻一方在婚姻关系存续期间以个人名义超出家庭日常生活需要所负的债务，债权人以属于夫妻共同债务为由主张权利的，人民法院不予支持，但债权人能够证明该债务用于夫妻共同生活、共同生产经营或者基于夫妻双方共同意思表示的除外。

27. 闪婚闪离中夫妻一方对外举债怎样断定性质？

【解答】

闪婚闪离的现象在我国特别是大城市频频发生，有人利用婚姻骗取钱财，在短期的婚姻期间对外大量举债虚构借款理由，而配偶对其毫不知情，也未分享过债务利益，而后借款人在离婚后失踪，前妻（夫）被债权人频频索债。确认此项借款是否为夫妻共同债务，应当考虑以下因素：第一，两被告是否有共同举债的合意；第二，夫妻是否分享了债务带来的利益。此外，原告对涉案的借款经过、时间顺序、借款用途及款项来源陈述前后不一，且不能合理说明，则法院应当认定该借款为借款人的个人债务，对债权人要求借款人原配偶承担还款责任的要求，不予支持。

【法律依据】

同上一问。

28. 同居期间共同债务如何认定？

【解答】

同居在现代社会非常普遍，由于人们法律意识淡薄等原因，基于同居关系发生的各方面的法律问题也层出不穷，而同居期间产生的债务问题更是值得关注。对于同居期间产生的债务，必须先分清共同债务和个人债务，共同债务应该由同居双方共同财产清偿，个人债务则应该由个人的财产来清偿。而同居期间所负的债务，是指双方为共同生活或为履行抚养、赡养义务以及一方或双方治疗疾病等需要所负的债务。在同居期间，借款人只要是为了同居双方的共同利益，目的是为了同居生活的需要，并用于同居生活、生产经营，不管是以双方名义还是以一方名义与他人建立的债务关系，均应视为同居期间的共同债务。

【法律依据】

《关于人民法院审理未办结婚登记而以夫妻名义同居生活

案件的若干意见》第十一条　解除非法同居关系时，同居期间为共同生产、生活而形成的债权、债务，可按共同债权、债务处理。

29. 借款人去世后，其债务是否由其继承人承担？

【解答】

若借款人生前与出借人之间存在民间借贷法律关系，是双方当事人真实意思表示，没有违反国家法律、行政法规强制性规定，应属有效。借款人应当偿还全部借款，若借款人去世时未偿还该笔借款，其法定继承人在依法对借款人遗产享有继承权的同时，应当在遗产的范围内清偿借款人的债务。如果该债务总额超出了继承人可继承的遗产，则不是民间谚语“父债子还”的规矩，而是继承人以实际继承的遗产偿还后对超出部分不负偿还责任。另外，若继承人缺乏劳动能力又没有生活来源，出于人道主义，即使遗产不足清偿债务仍然需要为其保留部分遗产以供生活。

【法律依据】

《继承法》第三十三条　继承遗产应当清偿被继承人依法应当缴纳的税款和债务，缴纳税款和清偿债务以他的遗产实际价值为限。超过遗产实际价值部分，继承人自愿偿还的不在此限。继承人放弃继承的，对被继承人依法应当缴纳的税款和债务可以不负偿还责任。

《继承法》第十九条　遗嘱应当对缺乏劳动能力又没有生活来源的继承人保留必要的遗产份额。

《最高人民法院关于贯彻执行〈中华人民共和国继承法〉若干问题的意见》第六十一条 继承人中有缺乏劳动能力又没有生活来源的人，即使遗产不足清偿债务，也应为其保留适当遗产，然后再按继承法第三十三条和民事诉讼法第一百八十条的规定清偿债务。

30. 贷款人(出借人)死后，借款人是否要履行还款义务？

【解答】

所有人都可以明白一个浅显的道理：债权债务关系并不随着关系主体的消失而当然消失。债权作为财产的一种形式，当然可以被继承。在民间借贷关系中，贷款人死亡，借款人应向贷款人的继承人履行还款义务，当借款人怠于履行还款义务时，贷款人之继承人有权向借款人主张要求其履行还款义务。根据继承法相关理论，继承分为法定继承和遗嘱继承，如果贷款人遗嘱对该笔借贷债权已予以处分，由债权的权利承受人向借款人主张权利；若对该笔借款无特别规定，按照法定继承处理，第一顺位继承人均有权向借款人主张权到(无第一顺位继承人，由第二顺位主张)，具体继承份额由继承人协商确定，协商不成可以诉讼解决，部分继承人起诉要求借款人履行义务，其他未起诉继承人依法被追加为第三人。

【法律依据】

《最高人民法院关于贯彻执行〈中华人民共和国继承法〉若

干问题的意见》第三条　公民可继承的其他合法财产包括有价证券和履行标的为财物的债权等。

31. 民间借贷纠纷中保证人与见证人有何区别？

【解答】

民间借贷纠纷的借条上，某人在借条的担保人处签名，原意为仅表示其当时在场做个见证(本问答中简称为“担保人”)，而发生纠纷后原告贷款人主张担保人作为保证人签字应承担连带保证责任，而担保人对原告主张的其作为保证人签字的事实予以否认，认为其只是作为见证人在借条上签字。

实践中存在他人在借款合同上签字，被债权人诉法院，要求其承担保证责任的情形。对此，梳理既往裁判文书可以看出，部分法官认为签字本身即系保证的意思表示。最高院规定明确指出，他人在债权凭证或借款合同上签字、盖章的同时，亦需要表明保证人身份或者承担保证责任，或者通过其他事实能够推定其为保证人，否则不应承担保证责任。因此法院对于保证责任的认定应当有待双方当事人的举证或经过事实推定才可下定结论。

民间借贷极为普遍，借款常常在熟人之间进行，通常靠人与人之间的信任来维系，借据的书写有时并不规范，借款人、保证人、见证人的身份往往比较模糊。一旦借款一方经济恶化，或者不诚信，不按时还款，就会引发借贷纠纷。保证人、见证人的含义不同。所谓见证人仅是在场看见双方实施借款行为的证人、起着证明借贷关系的作用，与在场人意思近似。见证人可以在借据或合同上签字，但一般均冠以“见证人”字样。保证人亦称“担保人”，是指在保证法律关系中，为债务人履行债务提供担保的自然人、法人或其他组织。作为一个完全民事行为能力人和具有一定社会知识的人，应当知道保证人与见证人签名在法律上所承担的不同责任。换言之，如果当时担保人签字的本意是“见证”而非“保证”，则必定要在签名前注明“见证人”或“在场人”字样，本案中，应首先推定其身份为“保证人”，如果担保人无法举证证实其系现场见证人，则应认定为保证人，依法承担保证责任。因此在签订借款合同时务必弄懂相关名词的含义，以免因无知损害自身的合法权益。为避免不必要的讼争，应尽量避免在借据上署名或捺印。如他人借款提供见证，应在紧靠自己的签名前方标明“见证人”或“在场人”的身份，以规避风险。

【法律依据】

《最高人民法院关于审理民间借贷案件适用法律若干问题的规定》第二十一条　他人在借据、收据、欠条等债权凭证或者借款合同上签字或者盖章，但未表明其保证人身份或者承担保证责任，或者通过其他事实不能推定其为保证人，出借人请求其承担保证责任的，人民法院不予支持。

32. 担保人应承担的担保债务是否及于其配偶？

【解答】

民间借贷纠纷中担保债务是否属于夫妻共同债务与直接借贷关系中的债务又有所区别，保证人基于人的信誉担保而存在，与物保以财产为担保保证债务权实现有着本质的区别。婚姻关系存续期间，一方做出的保证，其配偶不应承担连带责任。人保是担保债务人按期履行债务，其可能产生的债务明显不用于夫妻共同生活，即便其配偶知晓保证一事，也不能成为其应承担保证责任的原因。况且，一旦保证人代替债务人向债权人履行了债务，其仍然可以基于保证人的身份而向债务人追偿。

民间借贷纠纷中担保合同是从合同，通常情况下具有无偿性，因担保合同受益的除外，要证明担保人因担保合同受益的举证责任应由债权人而不是担保人承担。民间借贷纠纷中原告贷款人未能举证证明保证人的担保行为是为了夫妻、家庭共同生活或生产经营需要，或者夫妻、家庭从该担保行为中受益。并且，原告若也未能举证证明保证人的配偶知道或应当知道保证人的担保行为，并且认可此种担保行为的，保证人的担保行为更不属于家事代理，而属于其个人行为，保证人的配偶不承担偿债责任。

【法律依据】

《担保法》第六条　本法所称保证，是指保证人和债权人约定，当债务人不履行债务时，保证人按照约定履行债务或者承担责任的行为。

33. 借贷关系中担保合同无效，担保人是否承担责任？

【解答】

民间借贷中并不是所有的主体都可以订立有效的担保合同，比如金融机构的分支机构没有法人的书面授权不具备对外担保资格，农村信用社作为市信用合作联社的分支机构，没有市信用合作联社的书面授权，对借款合同提供担保应视为无效。贷款人在提供借款时应当审查担保机构是否征得相关法人或上级机构的授权，否则因未尽谨慎审查的义务导致该担保行为无效，具有过错。未经授权的金融机构向他人借款进行担保，内部管理存在问题，也具有过错。

担保合同无效后，债务人、担保人和债权人应当根据其过错程度承担相应的民事责任。具体而言，有二种情形：一是主合同有效而担保合同无效，债权人无过错的，担保人与债务人对主合同债权人的经济损失，承担连带赔偿责任；债权人、担保人有过错的，担保人承担民事责任的部分，不应超过债务人不能清偿部分的二分之一。二是主合同无效而导致担保合同无效，担保人无过错的，担保人不承担民事责任；担保人有过错的，担保人承担民事责任的部分，不应超过债务人不能清偿部分的三分之一。因此，担保人承担责任的大小与主合同是否有效及债权人对担保合同无效是否有过错存在直接的关系。

【法律依据】

《担保法》第五条　担保合同是主合同的从合同，主合同无效，担保合同无效。担保合同另有约定的，按照约定。担保合同被确认无效后，债务人、担保人、债权人有过错的，应当根据其过错各自承担相应的民事责任。

《最高人民法院关于适用〈中华人民共和国担保法〉若干问题的解释》第七条　主合同有效而担保合同无效，债权人无过错的，担保人与债务人对主合同债权人的经济损失，承担连带赔偿责任；债权人、担保人有过错的，担保人承担民事责任的部分，不应超过债务人不能清偿部分的二分之一。

《最高人民法院关于适用〈中华人民共和国担保法〉若干问题的解释》第八条　主合同无效而导致担保合同无效，担保人无过错的，担保人不承担民事责任；担保人有过错的，担保人承担民事责任的部分，不应超过债务人不能清偿部分的三分之一。

34. 保证期间过后，借贷关系的担保人是否还需承担担保责任？

【解答】

作为债权人，在有担保合同存在的借贷关系中，一定要积极主张自己的权利。当保证人与债权人未约定保证期间时，若发生诉讼纠纷原告债权人未能举证证明其在借款期限届满之日起六个月内要求保证人承担保证责任，则保证人的保证责任依法应予以免除。连带保证的意思就是在债务人到期不履行债务时，债权人可以要求债务人或担保人二者中的一个或两个来承担债务。同时保证人承担债务后，可向债务人追偿。保证期间不适用诉讼时效中断，所以债权人必须在保证期间内要求保证人承担保证责任，可以通过书面催告、发送律师函等方式，最好通过诉讼或申请仲裁，这样可以对担保人的财产进行保全，防止保证人隐匿、转移财产。

【法律依据】

《担保法》第二十六条　连带责任保证的保证人与债权人未约定保证期间的，债权人有权自主债务履行期届满之日起六个月内要求保证人承担保证责任。

在合同约定的保证期间和前款规定的保证期间，债权人未要求保证人承担保证责任的，保证人免除保证责任。

35. 借款合同履行期限变更的情形下担保人是否承担保证责任?

【解答】

借款合同的履行期限无论是变短还是变长，担保人承担保证责任是否发生变化关键在于其是否书面同意，否则履行期限变短的保证人仍在原担保范围内承担保证责任、变长的在履行期限结束后开始承担保证责任。

正常情况下，保证人是根据主合同内容来考虑是否对其提供担保。因此，主合同的变化对保证人的利益有影响，债权人与债务人协商对主合同内容进行变更，应当征得保证人的同意。但是，并不是主合同内容的任何变化，只要没有经过保证人同意，保证人一律不承担责任。对于主合同变化的内容应当作具体分析，有些变化对保证人没有不利影响，甚至有利于保证人。因此，主合同发生变化对保证人应承担保证责任的影响，重点在于是否加重了保证人的责任，如果未加重保证人的责任，保证人仍应当对变更后的合同承担保证责任。

【法律依据】

《担保法》第二十四条　债权人与债务人协议变更主合同的，应当取得保证人书面同意，未经保证人书面同意的，保证人不再承担保证责任。保证合同另有约定的，按照约定。

《最高人民法院关于适用〈中华人民共和国担保法〉若干问题的解释》第三十条　保证期间，债权人与债务人对主合同数量、价款、币种、利率等内容作了变动，未经保证人同意的，如果减轻债务人的债务的，保证人仍应当对变更后的合同承担保证责任；如果加重债务人的债务的，保证人对加重的部分不承担保证责任。债权人与债务人对主合同履行期限作了变动，未经保证人书面同意的，保证期间为原合同约定的或者法律规定的期间。债权人与债务人协议变动主合同内容，但并未实际履行的，保证人仍应当承担保证责任。

36. 民间借贷中关于利息大致是怎样规定的？

【解答】

民间借贷关于利息的规定主要有两个重点：一是我国允许在民间借贷中基于意思自治约定利息；二是利率有两个重要的数字24%与36%。法律保护24%内年化，允许24%～36%自愿支付，超过36%无效。在民间借贷中，借贷双方最易在民间借贷利息上产生矛盾。对民间借贷利息纠纷可以参照《合同法》的明确规定：

第一，根据诚实信用原则，借贷双方对于利息问题在借款合同中没有约定的，在一定程度上具有无偿借贷的性质。债务人在借款期限届满之前偿还或者在未约定还款期限时，并且在债权人要求还款时，在合理期限内还款的，不支付利息。

第二，借贷双方约定了利率标准后又发生争议的，可以在最高不超过银行同类贷款利率的四倍的标准内确定其利率标准。对超出部分的利息不予保护。

第三，在有息借贷中，利率可适当高于银行利率，借贷双方约定的利率未超过年利率24%，出借人请求借款人按照约定的利率支付利息的，人民法院应予支持。借贷双方约定的利率超过年利率36%，超过部分的利息约定无效。借款人请求出借人返还已支付的超过年利率36%部分的利息的，人民法院应予支持。

第四，《关于人民法院审理借贷案件的若干意见》中明确规定；出借人不得将利息计入本金计算复利，否则不受法律保护。这条规定在司法实践中具备一定的惩罚性，如果违反了该规定，有可能被法院判定为同期贷款利率支付利息，那么，你当初约定的倍数，本来可以主张要回的也可能要不回了。

第五，当事人因借贷外币、台币等发生纠纷的，出借人要求以同类货币偿还的，可以准许。借款人确无同类货币的，可以参照偿还时的外汇牌价折合人民币偿还。出借人要求支付利息的，可以参照中国银行的外币储蓄利率计息。

以上是法律对民间借贷利息作出的一些明确规定，实践中采取相应的对策，在遇到一些利息纠纷时，可以参照这些规定。

【法律依据】

《合同法》第二百一十一条　自然人之间的借款合同对支付利息没有约定或者约定不明确的，视为不支付利息。自然人之间的借款合同约定支付利息的，借款的利率不得违反国家有关限制借款利率的规定。

《最高人民法院关于审理民间借贷案件适用法律若干问题的规定》第二十六条　借贷双方约定的利率未超过年利率24%，出借人请求借款人按照约定的利率支付利息的，人民法院应予支持。借贷双方约定的利率超过年利率36%，超过部分的利息约定无效。借款人请求出借人返还已支付的超过年利率36%部分的利息的，人民法院应予支持。

37. 民间借贷中计算复利是否合法？

【解答】

复利是相对单利而言的，诉称“利滚利”，是指在借贷关系中，借款人将到期应付而未付的利息计入本金再计算利息。在民间借贷关系中，双方当事人约定复利的形式多样，有直接写明计收复利的，也有采取比较隐蔽的方式、不出现复利字样的，如只写本金不写利息，或者每满一个计息周期就将利息计入本金、重新出具欠条等债权凭证。

与直接约定复利的债权凭证相比，对于重新出具的债权凭证，如何认定其性质？应一方面尊重当事人的意思自治，既然新的债权凭证是双方当事人自愿重新达成的，应当尊重其真实意思表示，对本金数额应尽量按照债权凭证上记载的认定；另一方面，如果可以查明新的债权凭证上记载的本金的确由之前借款本息结算而来，那么债权凭证出具之前和之后的借款关系存在相承性，从资金的来源看，的确存在计算复利的问题，相关利息之计算应当符合民间借贷中关于利率上限的规定，即不仅新的债权凭证出具之前的借款利息要在最高限度之内，出具之后新计算的利息也要受到约束。

【法律依据】

《最高人民法院关于审理民间借贷案件适用法律若干问题的规定》第二十八条　借贷双方对前期借款本息结算后将利息计入后期借款本金并重新出具债权凭证，如果前期利率没有超过年利率 24%，重新出具的债权凭证载明的金额可认定为后期借款本金；超过部分的利息不能计入后期借款本金。约定的利率超过年利率24%，当事人主张超过部分的利息不能计入后期借款本金的，人民法院应予支持。按前款计算，借款人在借款期间届满后应当支付的本息之和，不能超过最初借款本金与以最初借款本金为基数，以年利率24%计算的整个借款期间的利息之和。出借人请求借款人支付超过部分的，人民法院不予支持。

38. 自然人之间借款合同对支付利息没有明确约定，借款人是否应支付利息？

【解答】

借贷纠纷中的借条等书面借款合同没有明确写明利息的条款，而贷款人主张具有口头约定借款利息，此时的处理需要借款人提供证据证明。如果贷款人提供不了明确的证据证明约定的利息条款存在的话，法院将对其主张借款人支付利息的请求不予支持。因为我国《合同法》与最高院《民间借贷规定》中都对约定利息的效力进行了明确又一致的规定，自然人之间的借款合同对支付利息没有约定或者约定不明确的，视为不支付利息。因此如果借贷双方主张借贷有利率的，特别是贷款人，最好的方式是订立书面借款合同写明利息条款与利率大小。

【法律依据】

《合同法》第二百一十一条　自然人之间的借款合同对支付利息没有约定或者约定不明确的，视为不支付利息。自然人之间的借款合同约定支付利息的，借款的利率不得违反国家有关限制借款利率的规定。

《最高人民法院关于审理民间借贷案件适用法律若干问题的规定》第二十五条　借贷双方没有约定利息，出借人主张支付借期内利息的，人民法院不予支持。自然人之间借贷对利息约定不明，出借人主张支付利息的，人民法院不予支持。除自然人之间借贷的外，借贷双方对借贷利息约定不明，出借人主张利息的，人民法院应当结合民间借贷合同的内容，并根据当地或者当事人的交易方式、交易习惯、市场利率等因素确定利息。

39. 民间借贷中逾期利息如何约定合适，未约定怎样计算？

【解答】

逾期利息，是指借款人不按照合同的约定归还借款的超期罚息。逾期利息相对于逾期借款而言，逾期借款是指借款人未按借款合同的约定期限返还给贷款人款项的行为，依《合同法》第一百零七条的规定，其行为是违约行为，应当承担违约责任。承担违约责任的方式包括返还借款本金、支付合同约定的借款期间的利息及支付借款逾期部分的利息。

民间借贷中存在逾期付款的现象，借贷双方可以在订立借贷关系的同时约定逾期利率，若没有约定的话，则出借人可以按照年利率主张支付利息或要求支付违约金。那么，民间借贷中贷款人不按时还款逾期利率怎么约定合适？(1)借贷双方对逾期利率有约定的，从其约定，但以不超过年利率24%为限。(2)既没有约定逾期利率或者约定不明的，区分不同情况处理：①既没有约定借期内的利率，也没有约定逾期利率，出借人可以主张借款人自逾期还款之日起按照年利率6%支付资金占用期间利息。②约定了借期内的利率但未约定逾期利率，出借人可以主张借款人自逾期还款之日起按照借期内的利率支付资金占用期间利息。（3）出借人与借款人既约定了逾期利率，又约定了违约金或者其他费用，出借人可以选择主张逾期利息、违约金或者其他费用，也可以一并主张，但总计超过年利率24%的部分，人民法院不予支持。

【法律依据】

《最高人民法院关于审理民间借贷案件适用法律若干问题的规定》第二十九条 借贷双方对逾期利率有约定的，从其约定，但以不超过年利率24%为限。

未约定逾期利率或者约定不明的，人民法院可以区分不同情况处理：

（一）既未约定借期内的利率，也未约定逾期利率，出借人主张借款人自逾期还款之日起按照年利率6%支付资金占用期间利息的，人民法院应予支持；

（二）约定了借期内的利率但未约定逾期利率，出借人主张借款人自逾期还款之日起按照借期内的利率支付资金占用期间利息的，人民法院应予支持。

《最高人民法院关于审理民间借贷案件适用法律若干问题的规定》第三十条 出借人与借款人既约定了逾期利率，又约定了违约金或者其他费用，出借人可以选择主张逾期利息、违约金或者其他费用，也可以一并主张，但总计超过年利率24%的部分，人民法院不予支持。

《合同法》第一百零七条 当事人一方不履行合同义务或者履行合同义务不符合约定的，应当承担继续履行、采取补救措施或者赔偿损失等违约责任。

40. 民间借贷可同时约定逾期利息和违约金，但总计超过年利率24%的部分，法院是否支持？

【解答】

出借人与借款人既约定了逾期利率，又约定了违约金或者其他费用，出借人可以选择主张逾期利息、违约金或者其他费用，也可以一并主张，但总计超过年利率24%的部分，人民法院不予支持。

【法律依据】

《最高人民法院关于审理民间借贷案件适用法律若干问题的规定》第三十条　出借人与借款人既约定了逾期利率，又约定了违约金或者其他费用，出借人可以选择主张逾期利息、违约金或者其他费用，也可以一并主张，但总计超过年利率24%的部分，人民法院不予支持。

《合同法》第一百一十四条　当事人可以约定一方违约时应当根据违约情况向对方支付一定数额的违约金，也可以约定因违约产生的损失赔偿额的计算方法。

约定的违约金低于造成的损失的，当事人可以请求人民法院或者仲裁机构予以增加；约定的违约金过分高于造成的损失的，当事人可以请求人民法院或者仲裁机构予以适当减少。当事人就迟延履行约定违约金的，违约方支付违约金后，还应当履行债务。

《合同法》第二百零七条　借款人未按照约定的期限返还借款的，应当按照约定或者国家有关规定支付逾期利息。

41. 借款利息是否可以在借款本金中预先扣除？

【解答】

民间借贷中，经常发生在交付借款时将利息预先扣除的现象，出借方的说法是降低风险，实际上这种做法不仅损害了借款方的利益，也违反了有关法律规定。

贷款人在提供贷款时不能预先将利息从本金中扣除。借款利息一般是在借款期限届满时或者合同履行期间按照约定分批偿付给贷款人。但现实中有的贷款人为了确保利息的收回，在提供借款时就将利息从本金中扣除，造成借款人借到的本金实质上为扣除利息后的数额。这种做法损害了借款人的合法利益，使借款人实际得到的借款少于合同约定的借款数额，影响其资金的正常使用，加重了借款人的负担。因此，《合同法》规定贷款人在提供借款时不得预先将利息从本金中扣除，如果仍在本金中预先扣除的，借款人只需按照实际借款数额返还借款并支付相应利息就可以了。2015 年最高人民法院《关于审理民间借贷案件适用法律若干问题的规定》规定，借据、收据、欠条等债权凭证载明的借款金额，一般认定为本金。预先在本金中扣除利息的，人民法院应当将实际出借的金额认定为本金。

【法律依据】

《合同法》第二百条　借款的利息不得预先在本金中扣除。利息预先在本金中扣除的，应当按照实际借款数额返还借款并计算利息。

42. 借款人提前归还借款的，利息该如何计算？

【解答】

生活中，借款人在完成了用款活动后，提取偿还借款，这有利于贷款人的资金回笼和流通，能够使其他人及时取得借款，更好地发挥借款的效用。因此，对于借款人提取还款的行为，法律一直是采取鼓励态度的。提前归还借款的纠纷中，主要涉及借款期限和借款利率的计算问题。按照《合同法》第二百零八条的规定，在处理有关提取偿还借款纠纷计算借款期限时，要坚持“有约定按约定，无约定按实际借款期限”的原则，只有当事人对提前偿还借款的期限问题作出特别约定的，才按照约定的期限计算利息；其他情形的，应当按照实际借款期限计算借款的利息。这里需要强调的是，第二百零八条规定是特别规定，它是针对借款人提前偿还借款时借款期限如何计算的具体规定，否则就不能适用此特别规定，只能按照实际借款期限进行计算。对于提前偿还借款时利率的认定，《合同法》第二百零八条没有具体规定。从目前各大银行的实际操作情况看，对借款人提前偿还借款的，一般都是按照合同约定的利率计算利息。我们认为，这种做法是符合《合同法》的立法精神的，与第二百零八条的规定也不矛盾。

【法律依据】

《合同法》第二百零八条　借款人提前偿还借款的，除当事人另有约定的以外，应当按照实际借款的期间计算利息。

43. 存在代位权关系的民间借贷中，债权人代位权行使的客体范围、次债务人直接清偿的效力如何理解？

【解答】

在民间借贷中，若存在甲向乙借款、乙向丙借款，当丙主张乙还款，乙无法还款。而甲对乙的借款已到履行期但乙有意怠于向甲主张，丙对甲与乙提起诉讼，要求甲向丙直接还款，则出现了代位权关系，丙作为债权人、乙作为丙的债务人、甲相对于丙被称作次债务人。丙有权以自己的名义在乙与丙的债权范围内代位行使乙的债权，直接向此债务人甲主张返还款项。

债权人代位权行使对次债务人的效力：(1)次债务人在代位权诉讼中处于被告的诉讼地位，可以向债权人主张自己对债务人的一切抗辩；(2)经人民法院审理后认定代位权成立的，由次债务人向债权人履行清偿义务；(3)在代位权诉讼中，债权人胜诉的，诉讼费用由次债务人负担，从实现的债权中优先支付。

【法律依据】

《最高人民法院关于适用〈中华人民共和国合同法〉若干问题的解释(一)》第二十条　债权人向次债务人提起的代位权诉讼经人民法院审理后认定代位权成立的，由次债务人向债权人履行清偿义务，债权人与债务人、债务人与次债务人之间相应的债权债务关系即予消灭。

44. 连带债务中，债权人可否只起诉部分债务人？

【解答】

连带债务很好理解，一起民间借贷中有多个借款人，如果共同借款人之间借款时未按约定内部按份还款份额，之后也未达成还款份额义务的补充协议，则形成了连带之债，均负有向贷款人连带清偿的民事法律责任。负有连带义务的每个债务人，都负有清偿全部债务的义务，履行了义务的人，有权要求其他负有连带义务的人偿付他应当承担的份额。贷款人有权只要求其中一名借款人清偿债务，该借款人在清偿后，可以向其他借款人追偿。

关于此种诉讼的性质，根据“不告不理”的原则，对于在民法上应当承担连带责任的人，当事人可以选择起诉，即可以同时将应当承担连带责任的人全部起诉、也可以只选择其中的一个或几个义务人作为被告。如在当事人对担保债权提起的诉讼中，债权人只起诉直接债务人要求履行给付义务或者只起诉保证人要求承担保证责任都是可以的。在共同侵权诉讼中，权利人可以只对部分义务人起诉。一般认为，由于诉讼标的具有共同性或者必须合一确定的牵连性，必须由法院合并审理，所以，对应当承担连带责任的人的诉讼属于必要的共同诉讼。

【法律依据】

《民法总则》第一百七十八条　二人以上依法承担连带责任的，权利人有权请求部分或者全部连带责任人承担责任。

连带责任人的责任份额根据各自责任大小确定；难以确定责

任大小的，平均承担责任。实际承担责任超过自己责任份额的连带责任人，有权向其他连带责任人追偿。

连带责任，由法律规定或者当事人约定。

45. 民间借贷中债权转让的效力如何？

【解答】

债权转让，是指合同债权人将其债权全部或者部分转让给第三人的行为。民间借贷中的债权转让，即贷款人基于某种事实原因将其可以主张债务人还款的权利有偿或无偿的转让给第三人，属于对自己权利的一种处分。债权转让分为全部转让和部分转让。债权全部让与第三人，第三人取代原债权人成为原合同关系的新的债权人，原合同债权人因合同转让而丧失合同债权人权利，债权部分让与第三人，第三人成为合同债权人加入到原合同关系之中，成为新的债权人，合同中的债权关系由一人变数人或由数人变更多人。新加入合同的债权人与原债权人共同分享债权，并共享连带债权。但债权人转让权利的，应当通知债务人。未经通知，该转让对债务人不发生效力，债务人仍然向原债权人还款的行为有效。

【法律依据】

《合同法》第八十条　债权人转让权利的，应当通知债务人。未经通知，该转让对债务人不发生效力。

债权人转让权利的通知不得撤销，但经受让人同意的除外。

《广东省高级人民法院民二庭关于民商事审判实践中有关疑难法律问题的解答意见》　权转让合同是确立债权转让人和债

权受让人之间权利义务法律关系的合同，对于债权转让人和债权受让人而言，债权转让合同自成立时生效。

46. 债权转让对借款合同中的担保责任有何影响？

【解答】

对于借款合同中有保证人的，贷款人对其享有保证债权，当贷款人将其借款的主债权转让时，保证债权也会一并自动转让，但保证人只应基于最初签订的保证条款中的担保范围承担担保责任。并且，如果保证人与贷款人有约定保证责任指向特定债权人生效或者禁止转让的，保证人在贷款人转让债权后将不再承担保证责任。

这是由保证债权与主债权的不可分性所决定的，依民法理论，为担保合同债权得以履行而设定的抵押权、质权等其他担保权利均属附着于主债权之上的从权利，与其所担保的债权具有密切的依赖性、即从属性，被担保的债权因转让而发生移转时，该担保权利也应由受让债权之新债权人享有。保证债权以外的其他担保权利作为附属于主权利的从权利，也应随同主权利的转让而转让，而为债权提供担保的债务人或第三人仍应在原担保范围内承担担保责任。

【法律依据】

《担保法》第二十二条　保证期间，债权人依法将主债权转让给第三人的，保证人在原保证担保的范围内继续承担保证责任。保证合同另有约定的，按照约定。

《最高人民法院关于适用〈中华人民共和国担保法〉若干问题的解释》第二十八条　保证期间，债权人依法将主债权转让给第三人的，保证债权同时转让，保证人在原保证担保的范围内对受让人承担保证责任。但是保证人与债权人事先约定仅对特定的债权人承担保证责任或者禁止债权转让的，保证人不再承担保证责任。

47. 民间借贷中的债务如何转让并发生移转效力？

【解答】

与债权转让一样，借款人也可能会基于种种原因将其背负的债务移转出去，由接受移转的第三人承担还款义务。债务转让可以是部分的转让也可以是全部的转让，但均必须经过债权人的同意，否则转让行为无效。例如 a 出借钱款给 b，b 准备将其债务转让给 c，如何转让的程序是最完善并保证债务移转真实有效呢？

（1）准备受让人的基本资料，并告知债权人，与债权人协商，经债权人同意；（bc 之间的债务转让需要经过 a 同意）

（2）与新的债务人签订债务转让合同；（bc 之间签订转让合同）

（3）债权人应向新的债务人，要求行使还款义务；（a 向 c 要求还款）

（4）新的承担人享有让与人的对抗债权人的权利；（c 享有原本 b 对 a 的权利）

（5）承担人不愿意承担债务的，债权人可以依法对其提起诉讼。（c 不愿还款的，a 可以对 c 提起诉讼）

【法律依据】

《合同法》第八十四条　债务人将合同的义务全部或者部分转移给第三人的，应当经债权人同意。

第八十五条　债务人转移义务的，新债务人可以主张原债务人对债权人的抗辩。

第八十六条　债务人转移义务的，新债务人应当承担与主债务有关的从债务，但该从债务专属于原债务人自身的除外。

48. 出借人将借条弄丢了如何要回借款？

【解答】

借条作为民间借贷的重要证据，务必保管好，但又难免保证万无一失。面对借条丢失的情形：前提是千万要做好“保密”工作，不要让债务人觉察借条已经丢失。其次，可态度从容地要求债务人订立还款计划或签订还款协议，只要对方肯订计划、签协议，条件可放宽。通常债务人较易接受这个要求。第三，请了解情况的单位和个人出具书面证实材料或作为证人出庭作证，证人必须与双方当事人无利害关系。第四，可以委托代理人与对方接触，做好谈话笔录。对方在没有觉察借条丢失的情况下，往往认账，他会把精力集中到能否还债的理由上。以上尽管是间接证据，附之你向法院提供的起诉书等书面材料，可形成一个“证据链”，相信能打动法官。

【法律依据】

《最高人民法院关于民事诉讼证据的若干规定》第七十七条

人民法院就数个证据对同一事实的证明力，可以依照下列原则认定：

(1)国家机关、社会团体依职权制作的公文书证的证明力一般大于其他书证；

(2)物证、档案、鉴定结论、勘验笔录或者经过公证、登记的书证，其证明力一般大于其他书证、视听资料和证人证言；

(3)原始证据的证明力一般大于传来证据；

(4)直接证据的证明力一般大于间接证据；

(5)证人提供的对与其有亲属或者其他密切关系的当事人有利的证言，其证明力一般小于其他证人证言。

49. 唯一的住房可否被强制执行？

【解答】

此问题是大众相当关心的一个问题。民间借贷纠纷中，借款人败诉却无法履行还款义务，经法院查明，其名下财产仅有房屋一套。关于被执行人唯一一处房产是否可以强制执行，存在两种观点。

第一种观点认为依据最高人民法院《关于人民法院民事执行中查封、扣押、冻结财产的规定》第6条之规定，为被执行人及其所扶养家属生活所必需的居住房屋，法院可以查封，但不得拍卖、变卖或者抵债。

第二种观点认为以上法律规定的为被执行人及其所扶养家属生活所“必需”，此种“必需”就应当考虑到案件实际情况，为了公平保护申请执行人的利益，应当允许对该房屋进行相应的执行。

支持第二种观点的认为，有抵押担保的债权比普通债权的安全性更高。无论是诉讼程序还是执行程序都应当尽可能地维护和实现有抵押担保的债权，这是维护社会交易秩序和交易安全的需要。与没有权利负担的房屋相比，已经设定抵押的房屋，该房屋作为债权实现的一种保证。因此，依据最高人民法院《关于人民法院设定执行抵押房屋的规定》(以下简称《执行抵押房屋规定》)，对于被执行人所有的已经依法设定抵押的唯一的房屋，法院可以查封，并可以依法拍卖、变卖或抵债。为了公平保护申请执行人的利益，应当允许对设定抵押的房屋予以执行。依据最高人民法院出台的《执行抵押房屋规定》，被执行人的财产只有一处已设定抵押的房屋时，人民法院在执行中可以“以小换大、小差换好、以远换近，但不能从有到无”。但同时，依据《执行抵押房屋规定》第6条的规定，被执行人属于低保对象且无法自行解决居住问题的，人民法院不应强制迁出。由于低保对象以房屋抵押取得银行贷款的情况较为少见，而且其居住的房屋本身价值不会太高，采取强制其迁出房屋并为其提供临时住房的办法对实现申请执行人抵押权的意义不大，因此《执行抵押房屋规定》对以低保对象为被执行人的情况作了例外规定。

【法律依据】

《关于人民法院民事执行中查封、扣押、冻结财产的规定》第六条　对被执行人及其所扶养家属生活所必需的居住房屋，人民法院可以查封，但不得拍卖、变卖或者抵债。

《关于人民法院设定执行抵押房屋的规定》第二条　人民法院对已经依法设定抵押的被执行人及其所扶养家属居住的房屋，在裁定拍卖、变卖或者抵债后，应当给予被执行人六个月的宽限期。在此期限内，被执行人应当主动腾空房屋，人民法院不得强制被执行人及其所扶养家属迁出该房屋。

《关于人民法院设定执行抵押房屋的规定》第六条　被执行人属于低保对象且无法自行解决居住问题的，人民法院不应强制迁出。

《最高人民法院关于人民法院办理执行异议和复议案件若干问题的规定》第二十条　金钱债权执行中，符合下列情形之一，被执行人以执行标的系本人及所扶养家属维持生活必需的居住房屋为由提出异议的，人民法院不予支持：

（1）对被执行人有扶养义务的人名下有其他能够维持生活必需的居住房屋的；

（2）执行依据生效后，被执行人为逃避债务转让其名下其他房屋的；

（3）申请执行人按照当地廉租住房保障面积标准为被执行人及所扶养家属提供居住房屋，或者同意参照当地房屋租赁市场平均租金标准从该房屋的变价款中扣除五至八年租金的。

执行依据确定被执行人交付居住的房屋，自执行通知送达之日起，已经给予三个月的宽限期，被执行人以该房屋系本人及所扶养家属维持生活的必需品为由提出异议的，人民法院不予支持。

50. 名为“借贷协议”，实为“包养协议”，引发纠纷法院会如何处理？

【解答】

若甲与乙之间存在一份借款合同，甲将一定数额钱款借于乙使用，要求乙长期与甲保持“情人关系”，否则乙需要履行还款责任。这种协议发生纠纷的实际判例中，法院驳回甲起诉的观点是最终裁判结果，它体现了司法的谦抑性和有限性，为法院处理民事纠纷设定了必要界限。此情形下的协议名为借贷协议，实为包养协议，双方当事人是企图用金钱去维系不正当的情人关系。本案虽然涉及财产关系，但是这种财产关系依附于包养关系。这一意义上，甲起诉的要求保护的财产权并非正常的民事权益，不受法律保护，也不能纳入通过民事诉讼保护的民事权益的范畴。

【法律依据】

浙江省高级人民法院《关于审理民间借贷纠纷案件若干问题的指导意见》第三十五条　当事人主张的下列借贷，不予保护，依法判决驳回诉讼请求：

(1)因非法同居、不正当两性关系等行为产生“青春损失费”、“分手费”等有损社会公序良俗的情感债务转化的借贷。

51. 对借条上的签名笔迹当事人有异议需要司法鉴定的，应由哪方承担举证责任？

【解答】

笔者在这里给出的建议是，债务人对借据内容的笔迹或者签章的真实性提出异议的，双方当事人可以提供补交证据或者反驳证据，法院应当根据双方提供的有效证据，结合案件的其他证据及相关情况，对借据的真实性进行综合审查判断。对需要通过司法鉴定确认借据是否真实的，双方均可申请法院进行司法鉴定，双方均不申请的，法院可以根据具体案情作出处理：(1)债权人仅凭借据起诉的，没有其他证据佐证或者借据的真实性存在合理怀疑的，由债权人申请鉴定，债务人应当提供笔迹比对样本；(2)债权人提供的借据以及其他证据材料具备一定的可信性，债务人对借据的真实性提出异议，但未提供反驳证据的，由债务人申请鉴定。经依法释明，债权人或者债务人不申请鉴定或者不提供笔迹鉴定比对样本导致案件事实无法查清的，法院应当依法裁判。

【法律依据】

《关于民事诉讼证据的若干规定》第七十条　一方当事人提出的下列证据，对方当事人提出异议但没有足以反驳的相反证据的，人民法院应当确认其证明力：

(1)书证原件或者与书证原件核对无误的复印件、照片、副本、节录本。

《关于民事诉讼证据的若干规定》第七十三条　双方当事人对同一事实分别举出相反的证据，但都没有足够的依据否定对方证据的，人民法院应当结合案件情况，判断一方提供证据的证明力是否明显大于另一方提供证据的证明力，并对证明力较大的证据予以确认。

因证据的证明力无法判断导致争议事实难以认定的，人民法院应当依据举证责任分配的规则作出裁判。

52. 未约定还款期限的借条(欠条)诉讼时效该如何起算?

【解答】

生活中，由于法律意识或其他原因，借款人向贷款人出具的欠条中对还款期限未做约定，发生借贷纠纷后借款人往往主张借款事由发生时间过长(三年以上)为由抗辩。此处认为，对于债务人向债权人出具未约定还款期限欠条的诉讼时效起算点的认定，应当区别对待。一般来说，欠条是对双方经济往来的一种结算，系一种表明债权债务的凭据，认定欠条诉讼时效的起算应当根据欠条不同情形下的出具方式综合分析：

(1)在债务已届清偿期的情形下，债务人在履行期限届满后，未能履行给付义务。经债权人同意，债务人向债权人出具了没有还款期限的欠条，该种情形下，欠条是对已发生的债权债务关系的确认，当事人之间并未因为债务人不履行债务而产生新的债权债务关系。在债权已届清偿期情形下，债务人未依约履行，已侵害了债权人的权利，故诉讼时效起算。债务人依债权人的要求出具欠条系债权人向债务人权利的主张，此时诉讼时效已发生中断，债务人出具欠条的同时，债权人的权益已经被侵害，该欠条表明债权人向债务人主张权利导致先前的诉讼时效中断。债务人依据该欠条诉至法院，请求主张权利，应当自诉讼时效中断后的次日起计算诉讼时效，也就是债务人出具欠条的次日起开始计算诉讼时效。

(2)另一种情形是当事人之间依据某种法律关系(例如买卖合同关系)，一方履行了主要义务(例如供货义务)，但双方对于另一方履行义务(例如给付货款)的时间未作约定，或履行义务的期限尚未届满，在此情况下，双方通过出具欠条的方式对先前往来进行结算。此种情形下，欠条应当认定是对当事人之间存在某种法律关系的证明，此时，出具欠条的事实并不表明当事人双方的债务已届履行期限，当事人的请求权也没有受到侵害，故诉讼时效尚未起算，债务人出具欠条的行为不具有诉讼时效起算的效力，亦非表明诉讼时效中断的情形。对于该类欠条，应当适用《合同法》第六十二条第四项的规定处理，即诉讼时效自债权人或者债务人主张债权或者清偿债务并给予对方合理准备期限届满后起算。

【法律依据】

《合同法》第六十二条　当事人就有关合同内容约定不明确，依照本法第六十一条的规定仍不能确定的，适用下列规定：(4)履行期限不明确的，债务人可以随时履行，债权人也可以随时要求履行，但应当给对方必要的准备时间。

《民法总则》第一百八十八条　向人民法院请求保护民事权利的诉讼时效期间为三年。法律另有规定的，依照其规定。

诉讼时效期间自权利人知道或者应当知道权利受到损害以及义务人之日起计算。法律另有规定的，依照其规定。但是自权利受到损害之日起超过二十年的，人民法院不予保护；有特殊情况的，人民法院可以根据权利人的申请决定延长。

53. 借条中诉讼时效起算时间不明该怎样分配举证责任？

【解答】

现实的案例中，存在一些借款人在出具的借条中将还款时间的年份或者月份漏写，导致几年后发生纠纷时对诉讼时效的起算时间原被告争议很大。例如，2014 年 6 月借款人向贷款人出具一张借条，后借款人在借条上注明 12 月 2 日归还，2018 年 1 月贷款人起诉主张借款人偿还借款。贷款人主张其曾在 2015 年 12 月向借款人催要借款，借条注明的还款日期为 2015 年的 12 月 2 日；借款人则辩称该日期为 2014 年 12 月 2 日，此时依贷款人主张该借贷的诉讼时效未过，可依借款人主张已超过诉讼时效，此时关于诉讼时效的起算时间举证责任由谁承担？

在此，笔者认为应由原告对12月2日归还写于2015年承担举证责任，因原告主张诉讼时效中断，虽然提供了借据，但存在年份不确定的重大瑕疵，只能证明有催款事实，不能证明催收的时间。并依据合同法有关合同变更的规定，原告主张2015年12月2日归还，借款合同的内容发生了实质变更，主张合同关系变动的一方当事人对引起合同关系变动的事实承担举证责任。

【法律依据】

《合同法》第四十一条　对格式条款的理解发生争议的，应当按通常理解予以解释。对格式条款有两种以上解释的，应当作出不利于提供格式条款一方的解释。格式条款和非格条式款不一致的，应当采用非格式条款。

《关于民事诉讼证据的若干规定》第五条　在合同纠纷案件中，主张合同关系成立并生效的一方当事人对合同订立和生效的事实承担举证责任；主张合同关系变更、解除、终止、撤销的一方当事人对引起合同关系变动的事实承担举证责任。

对合同是否履行发生争议的，由负有履行义务的当事人承担举证责任。

对代理权发生争议的，由主张有代理权一方当事人承担举证责任。

54. 借款人在二审期间才提出诉讼时效抗辩该如何处理？

【解答】

诉讼时效是指民事权利受到侵害的权利人在法定的时效期间

内不行使权利，当时效期间届满时，人民法院对权利人的权利不再进行保护的制度。2017年《民法总则》规定一般诉讼时效期间为三年。

【法律依据】

《民法总则》第一百八十八条 向人民法院请求保护民事权利的诉讼时效期间为三年。法律另有规定的，依照其规定。

诉讼时效期间自权利人知道或者应当知道权利受到损害以及义务人之日起计算。法律另有规定的，依照其规定。但是自权利受到损害之日起超过二十年的，人民法院不予保护；有特殊情况的，人民法院可以根据权利人的申请决定延长。

《最高人民法院关于审理民事案件适用诉讼时效制度若干问题的规定》第三条 当事人未提出诉讼时效抗辩，人民法院不应对诉讼时效问题进行释明及主动适用诉讼时效的规定进行裁判。

《最高人民法院关于审理民事案件适用诉讼时效制度若干问题的规定》第四条 当事人在一审期间未提出诉讼时效抗辩，在二审期间提出的，人民法院不予支持，但其基于新的证据能够证明对方当事人的请求权已过诉讼时效期间的情形除外。

55. 夫妻离婚协议中实行分别财产制的，如何认定共同债务？

【解答】

俗话说“剪不断，理还乱”，夫妻在离婚后容易涉及借贷债务的纠纷。夫妻离婚协议中实行分别财产制，原告贷款人在被告夫妻离婚后，举证提出由夫妻一方出具的借条(未载明借款实际发生日)诉请夫妻两人共同偿还，此时原告认为该借条所涉债务发生在被告夫妻离婚前，应由夫妻共同偿还；被告中未出具借条的一方主张债务发生在离婚后，只由出具借条的前妻(夫)承担还款责任。此时该债务是否可被认定为夫妻共同债务着重两点：

(1)从现有证据看，难以认定涉案债务形成于婚姻关系存续期。民间借贷债权人提出债务应由直接债务人与其配偶共同承担还款责任的主张，法院首先要审查债务是否形成于债务人婚姻关系存续期间。该事实应由原告负举证责任，只有提供证据明债务形成于债务人婚姻关系存续期间，才能确定为夫妻共同债务。关键性证据借条信息并不详细，需要通过言词证据重构债务形成的经过，并考察证据间的印证程度。法官即便相信涉案借条是结算前债后重新出具的，也无法确定前债何时成立、数额多少、何时归还部分欠款，也就无法判断前债成立时间是否位于婚姻关系存续期间。

(2)从债务特征看，涉案债务难以符合夫妻共同债务认定标准。“为夫妻共同生活所负”是夫妻共同债务的本质属性，判断标准有两方面：一是夫妻有共同举债的合意。借条载明债务发生时，夫妻已离婚，且被告一方主张对此不知情，谈不上夫妻合意。二是夫妻分享了债务所带来的利益。夫妻一体是社会正常人的通常判断，债权人有理由相信婚姻关系存续期间夫妻一方以个人名义对外的负债系“为夫妻共同生活所负”。但即使是“常理”，法律也允许当事人提出反证予以推翻。如果债权人有理由相信夫妻一方的负债并非“为夫妻共同生活所负”，该债务应认定为个人债务。

【法律依据】

《婚姻法》第四十一条　离婚时，原为夫妻共同生活所负的债务，应当共同偿还。共同财产不足清偿的，或财产归各自所有的，由双方协议清偿；协议不成时，由人民法院判决。

56. 婚前个人借款债务可否在婚后转为夫妻共同债务？

【解答】

借款行为发生时，债务的担保是基于婚前借款人的个人信赖，而非基于当事人的婚姻关系；当事人的配偶往往是被动的，很多借款人是在将来的配偶不知情的情形下进行借款的（这在经济较不发达的农村比较常见），而当事人的配偶也往往基于债务人财产外表现象与其登记结婚的。根据《婚姻法解释（二）》规定，债权人需提供充分的能证明“婚前所欠债务用于共同生活”的证据。法官在审查这些证据时要对证据内证据的证明力、证据的盖然性予以全方面、多角度的审查，从一方婚前债务与婚后共同生活的因果联系来判断，债务人举债的目的、用途以及婚后共同生活的需要等。如果能够认定一方婚前所欠债务与婚后夫妻共同生活确有因果联系，婚前一方所欠的个人债务即转为夫妻共同债夫妻双方共同偿还。

夫妻一方的婚前个人债务转化为夫妻共同债务后，债务人的配偶只在其实际接受财产或受益的范围内承担清偿责任。那么如何掌握债务人婚前所欠债务用于婚后家庭共同生活的证明标准？司法实践中，婚前个人债务向婚后共同债务的转化有多种类型：

一方婚前按揭贷款买房，婚后夫妻双方共同居住或共同的，可以转化为婚后共同债务；一方婚前举债购置大量结婚婚后为夫妻双方共同生活所需要时，可以转化为婚后共同方婚前借款装修房屋，该房屋供夫妻双方婚后共同居住使用的等。

【法律依据】

《婚姻法司法解释(二)》第二十三条　债权人就一方婚前所负个人债务向债务人的配偶主张权利的，人民法院不予支持。但债权人能够证明所负债务用于婚后家庭共同生活的除外。

57. 夫妻单方举债，贷款人将夫妻两人作为共同被告起诉的主体是否适格?

【解答】

现实中很多原告在民间借贷纠纷中，无论债务只属于夫妻一方的单独借贷(不涉及共同使用等转化为共同债务的)，还是真实的夫妻共同举债，都把夫妻双方都列为共同被告，笔者认为，没有必要这样做：一方面，如果可以认定为夫妻共同债务，夫妻双方互负连带责任，只要诉讼时夫妻婚姻关系依然存续，就没有必要把另一方列为被告；另一方面，这个做法有点浪费司法资源，把所有的民间借贷案件的夫妻双方都列为被告既增加了案件的复杂程度，无形之中也增加了法官的工作量。

【法律依据】

《最高人民法院关于审理涉及夫妻债务纠纷案件适用法律

有关问题的解释》第一条　夫妻双方共同签字或者夫妻一方事后追认等共同意思表示所负的债务，应当认定为夫妻共同债务。

58. 婚姻关系存续期间一方的借贷行为，产生的共同债务能否追加其配偶为被执行人？

【解答】

执行实践中往往在以下两种情况下面临着是否追加被执行人的配偶为被执行人的问题，一种情况是基于夫妻共有财产关系而产生。在对被执行人的财产强制执行时，发现其配偶为共有人，最明显的例子就是夫妻共有的住房，产权登记证上总是一方为所有权人，而另一方为共有人，如不追加被执行人的配偶为被执行人而对该住房予以处置，势必损害其配偶的共有财产所有权。另一种情况是基于执行依据确定的债务本身就是夫妻共同债务而产生。对于执行依据只确定一方为义务主体的夫妻共同债务案件，执行中，往往是查被执行人无财产可供执行，夫妻原共有的财产也转至配偶或原配偶名下，本人没有履行能力，而共配偶或原配偶名下有银行存款。法院追加其配偶为被执行人需要充足的法律依据。

《婚姻法》中规定，夫妻共同债务应由夫妻共同偿还，即使执行依据载明的义务主体只有夫妻一方，也不排除另一方成为债务履行义务主体的地位，而且应对债权人负连带偿还责任。配偶一方仍是夫妻共同债务的义务主体，追加其为被执行人，以其取得的共有财产承担债务，正是其在实体上依法承担法定义务的体现。到了审判阶段，原告只起诉了夫妻一方的情况下，当事人讼争的诉讼标的源于当事人之间的民事权利义务关系，对争议标的是否属夫妻共同债务一般不会涉及，同时，对可能在执行程序中对被告的财产采取强制执行措施会涉及配偶共有权利的问题也无从预见，因此，执行依据只列有配偶一方并不是漏列主体的错，而可以在执行程序中按照执行力效力扩张的理论，通过追加配偶另一方为被执行人从而对其共有财产予以执行来加以解决。

【法律依据】

《婚姻法》第四十一条　离婚时，原为夫妻共同生活所负的债务，应当共同偿还。共同财产不足清偿的，或财产归各自所有的，由双方协议清偿；协议不成时，由人民法院判决。

《最高人民法院关于审理涉及夫妻债务纠纷案件适用法律有关问题的解释》第二条　夫妻一方在婚姻关系存续期间以个人名义为家庭日常生活需要所负的债务，债权人以属于夫妻共同债务为由主张权利的，人民法院应予支持。

59. 村干部对外借款，借款人是村干部个人还是村委会？

【解答】

村干部向外人借款，声明用于村委会，贷款人同意出借但要求村干部以个人名义出具欠条，后村干部与村委会都不予偿还，发生借贷纠纷。对于承担还款责任的借款人认定，存在三种意见：(1)由村干部个人偿还；(2)由实际用款人村委会偿还；(3)应当由村委会偿还，村干部承担连带还款责任。

实际案例中法院作出了类似第三种意见的判决，笔者对此表示同意。理由：(1)实质意义上，村委会作为实际用款人，理应承担还款责任。并且贷款人明知村委会系实际债务人的情况，所以贷款人与村委会之间的债权债务关系可予以认定。(2)关于村干部的身份，可引申出名义借款人与保证人地位的博弈，贷款人基于对村干部更高的信赖出借款项，村干部虽无个人借贷的意图，但其书写欠条的行为符合保证的明示，当村委会不履行还款义务时，村干部应当承担连带的保证责任。

【法律依据】

《最高院〈中华人民共和国担保法〉若干问题的解释》第二十二条第二款　主合同中虽然没有保证条款，但是，保证人在主合同上以保证人的身份签字或者盖章的，保证合同成立。

《最高人民法院关于贯彻执行〈中华人民共和国民法通则〉若干问题的意见(试行)》第六十六条　一方当事人向对方当事人提出民事权利的要求，对方未用语言或者文字明确表示意见，但其行为表明已接受的，可以认定为默示。不作为的默示只有在法律有规定或者当事人双方有约定的情况下，才可以视为意思表示。

60. 项目经理以公司名义借款是否具备法律效力？

【解答】

此问题有两个关键点：

(1)项目经理是否具有代理权。工作人员是否享有单位授权是判断职务行为的关键，民法理论对此常以代理学说或者委任学说为判断标准，代理权的授予以意思表示相对方的不同，又可分为内部授权和外部授权。前者是单位向工作人员作出授权的意思表示；后者是单位向第三人作出已授权工作人员进行民事活动的意思表示。对内授权一般以劳动合同的约定和法人管理制度中的职责描述来认定、对外授权则一般以通知、声明、授权委托书、合同等来认定。职权通常情况下在工作时间内、工作场所内行使，项目经理在工程项目施工中处于中心地位，对工程项目施工负有全面管理的责任，并不对资金流转等款项的业务负责。由此可见，项目经理负责的内容或者说其职权应当是对工程项目施工负有全面管理的责任，其作为项目负责人，不具有可以对外借款的职权或取得公司允许其对外借款的授权。因此，其借款行为应属于个人行为而不是职务行为。

(2)项目经理的借款行为是否构成表见代理。项目经理虽然不具有代表项目公司对外借款的职权或取得项目公司允许其对外借款的授权，但其借款行为是否可以构成表见代理？表见代理行为应该具备以下构成要件：①以被代理人名义与相对人为合同行为；②客观上，应当有足以使相对人相信行为人有代理权的表象；③相对人必须是善意的、无过失的；④行为人与相对人之间的民事行为，具备民事行为成立和生效的有效要件。

【法律依据】

《建筑施工企业项目经理资质管理办法》第六条　工程项目施工应建立以项目经理为首的生产经营管理系统，实行项目经理负责制。项目经理在工程项目施工中处于中心地位，对工程项目施工负有全面管理的责任。

《合同法》第四十九条　行为人没有代理权、超越代理权或者代理权终止后以被代理人名义订立合同，相对人有理由相信行为人有代理权的，该代理行为有效。

61. 共同借款中一个债务人放弃诉讼时效抗辩的，对其他债务人是否发生相同效力？

【解答】

当一笔拥有多个债务人的借款合同中，主债务超过诉讼时效后贷款人对债务人予以主张时，一个或者部分债务人作出了还款承诺(例：签字确认催款通知书)，能否对同一债务的其他连带债务人产生同等效力。实践中有两种意见：(1)部分债务人承诺还款的行为效力应及于其他债务人。(2)部分债务人承诺还款的行为效力不及于其他债务人。未作出还款承诺的债务人不承担偿还连带债务的责任。

笔者同意第二种意见。

【法律依据】

《最高人民法院关于审理民事案件适用诉讼时效制度若干问题的规定》第十七条第二款　对于连带债务人中的一人发生诉讼时效中断效力的事由，应当认定对其他连带债务人也发生诉讼时效中断的效力。

62. 借款人放弃诉讼时效抗辩的，是否对保证人发生效力？

【解答】

主债务超过诉讼时效后，借款债务人与贷款人重新签订确认还款协议，从而放弃了诉讼时效。此时原借款合同中的保证人是否继续对原债务承担保证责任，答案是否定的。理由如下：我国《担保法》明令规定债务人放弃对债务的抗辩权，保证人仍有权抗辩。担保人是享有诉讼时效抗辩权的，即使主债务人放弃时效抗辩权，担保人仍然享有抗辩权。

【法律依据】

《担保法》第二十条　一般保证和连带责任保证的保证人享有债务人的抗辩权。债务人放弃对债务的抗辩权的，保证人仍有权抗辩。

抗辩权是指债权人行使债权时，债务人根据法定事由，对抗债权人行使请求权的权利。

《最高人民法院关于超过诉讼时效期间借款人在催款通知单上签字或者盖章的法律效力问题的批复》　根据《中华人民共和国民法通则》第四条、第九十条规定的精神，对于超过诉讼时效期间，信用社向借款人发出催收到期贷款通知单，债务人在该通知单上签字或者盖章的，应当视为对原债务的重新确认，该债权债务关系应受法律保护。

63. 保证期间超过主债务履行期间加上诉讼时效之和，保证合同是否有效？

【解答】

借款合同中引入保证人的，可能出现借期一年，但保证期间十年这种保证期间超过主债务履行期间加上诉讼时效之和的情形，在主债务偿还期限为一年的情况下，保证人与贷款人约定保证期间为十年，该约定损害了担保人的权益，违反了公平诚信原则，将导致债权人向保证人主张权利的有效期间长于诉讼时效，实质是以约定排除诉讼时效的适用，因此，此种约定无效。

【法律依据】

《最高人民法院关于适用〈中华人民共和国担保法〉若干问题的解释》第三十二条第二款　保证合同约定保证人承担保证责任直至主债务本息还清时为止等类似内容的，视为约定不明，保证期间为主债务履行期届满之日起二年。

64. 合伙人之间的借贷引发的纠纷是民间借贷纠纷还是合伙纠纷？

【解答】

合伙经营期间，合伙体向其中一合伙人借款用于支付合伙债务，现出借人依合伙比例要求其他合伙人还款，应按民间借贷纠纷处理，无须以合伙纠纷的解决为前提。

【法律依据】

《最高人民法院关于贯彻执行〈中华人民共和国民法通则〉若干问题的意见（试行）》第四十六条　公民按照协议提供资金或者实物，并约定参与合伙盈余分配，但不参与合伙经营、劳动的，或者提供技术性劳务而不提供资金、实物，但约定参与盈余分配的，视为合伙人。

65. 退伙时产生欠款纠纷属于民间借贷还是合伙纠纷?

【解答】

合伙人在退伙时，在《退股协议书》中约定退货合伙人的股份退还给其他合伙人，股份退还后的股份款额转为其他合伙人向退伙人的借款。后因其他合伙人逾期未归还发生纠纷，对此退股款项的性质产生争议，属于民间借贷还是合伙纠纷?

此处认为，合伙股份转让后，转让方与受让方约定将该股份转让款作为借款的，此时双方当事人之间形成民间借贷法律关系。民间借贷当事人约定分期还款，并约定任何一期逾期，出借人有权要求借款人返还未到期借款的，如借款人违约，则出借人除有权要求返还全部借款外，还可对未到期借款主张利息。

合伙关系的加入和退出所产生的法律后果可分为对内的法律后果和对外的法律后果。退伙一经生效退伙人失去合伙人资格，退伙清算后返还退伙人的财产份额，若退伙人对合伙造成损失的应当赔偿。按照当事人的约定，因退伙人的退伙，双方当事人的内部合伙关系已经终止。依据《民法通则》规定，全体合伙人对合伙组织对外债务承担连带责任。在双方当事人入伙到退伙再到款项性质转化的过程中，退伙人因其退伙行为，不再对退伙之后合伙组织的行为承担责任，但不能免除对其入伙之后退伙之前合伙组织的对外民事行为负有责任，这就是合伙关系变更所产生的对外的法律后果。

【法律依据】

《合伙企业法》第四十五条　合伙协议约定合伙期限的，在合伙企业存续期间，有下列情形之一的，合伙人可以退伙：

(1)合伙协议约定的退伙事由出现；

(2)经全体合伙人一致同意；

(3)发生合伙人难以继续参加合伙的事由；

(4)其他合伙人严重违反合伙协议约定的义务。

66. 合伙组织产生的民间借贷债务清偿的基本原理是什么？

【解答】

合伙期间发生的民间借贷债务，首先以合伙财产进行清偿，对于不足的部分，由全体合伙人承担无限连带责任，出借人可以请求全体合伙人中的一人或数人承担全部清偿责任，也可以按照一定的比例向各合伙人分别主张。如果合伙人实际支付的债务数额超过其依照合伙协议约定比例或者出资比例所应承担的份额，该合伙人有权就超过部分向其他未支付或者未足额支付应承担份额的其他合伙人追偿。新入伙的合伙人对入伙前的合伙债务承担无限连带责任。退伙人对基于其退伙前的原因已经发生的合伙债务，承担无限连带责任。

需要注意的是，我国《合伙企业法》规定了普通合伙和有限合伙：普通合伙企业由普通合伙人组成，合伙人对合伙企业承担无限连带责任。有限合伙企业由普通合伙人和有限合伙人组成，普通合伙人对合伙企业债务承担无限连带责任，有限合伙人以其认缴的出资额为限对合伙企业债务承担责任。合伙企业财产不足清偿到期债务的，普通合伙人应当承担无限连带清偿责任，有限合伙人不必承担连带清偿责任。

【法律依据】

《合伙企业法》第三十八条　合伙企业对其债务，应先以其全部财产进行清偿。

《合伙企业法》第三十九条　合伙企业不能清偿到期债务的，合伙人承担无限连带责任。

67. 合伙人个人的民间借贷债务能否用合伙权益清偿？

【解答】

合伙人个人的民间借贷债务，由其个人偿还。该合伙人个人财产不足清偿其个人所负债务的，可用其从合伙企业中分取的收益进行清偿。该合伙人不能损害其他合伙人的利益，用合伙企业的对外债权进行抵销，其债权人也不能代替该合伙人行使其在合伙企业中的权利。其债权人可依法请求人民法院强制执行该合伙人在合伙企业中的财产份额用于清偿，而不得自行接管该合伙人在合伙企业中的财产份额。如果其他合伙人不愿意接受该债权人成为合伙企业新的合伙人，可以由他们中的任何一人或数人行使优先受让权，取得该合伙人的财产份额。受让人支付的价金，用于向该债权人清偿债务。如果其他合伙人不能就优先受让事宜达成协议，法院可以采取拍卖或变卖的方式，将被执行的合伙人的合伙财产权益变现。

【法律依据】

《合伙企业法》第四十一条 合伙人发生与合伙企业无关的债务，相关债权人不得以其债权抵销其对合伙企业的债务；也不得代位行使合伙人在合伙企业中的权利。

《合伙企业法》第四十二条 合伙人的自有财产不足清偿其与合伙企业无关的债务的，该合伙人可以以其从合伙企业中分取的收益用于清偿；债权人也可以依法请求人民法院强制执行该合伙人在合伙企业中的财产份额用于清偿。

人民法院强制执行合伙人的财产份额时，应当通知全体合伙人，其他合伙人有优先购买权；其他合伙人未购买，又不同意将该财产份额转让给他人的，依照本法第五十一条的规定为该合伙人办理退伙结算，或者办理削减该合伙人相应财产份额的结算。

68. 合伙企业负责人向第三人借款的债务应由谁承担还款责任？

【解答】

一般以个人名义的借款由借款人个人承担还款责任，合伙企业负责人有权对外代表合伙企业，执行合伙事务。倘若合伙企业负责人为向第三人借款，厘清还款责任则要认定该借款是否属于合伙债务。

所谓合伙债务，是指在合伙事务经营过程中，即合伙关系存续期间，以所有合伙人的名义与第三人发生民事权利和义务，如因借款、购销等事务时所产生的债务。合伙债务有如下几个特点：(1)就债务产生的原因来说，债务是合伙组织以其组织名义或者全体合伙人的名义在对外的经营过程中产生的对第三人所承担的债务。(2)就时间来说，债务必须是在合伙关系存续期间产生的。(3)就承担主体来说，所有合伙人都应当对债务承担无限连带责任。其中，无限责任是指各个合伙人应该以其各自的所有财产来对债务承担责任；连带责任是指每个合伙人都对所有债务承担偿还责任，债权人可以就其债权对任何一个合伙人提起偿还的请求，任何一个合伙人都应该偿还全部债务。因此，若将合伙企业负责人的对外借款认定为执行合伙企业事务，因执行合伙事务所产生的收益应当归合伙企业，而产生的债务也应当由合伙企业承担。

【法律依据】

《合伙企业法》第二十六条　合伙人对执行合伙事务享有同等的权利。按照合伙协议的约定或者经全体合伙人决定，可以委托一个或者数个合伙人对外代表合伙企业，执行合伙事务；作为合伙人的法人、其他组织执行合伙事务的，由其委派的代表执行。

《合伙企业法》第三十八条　合伙企业对其债务，应先以其全部财产进行清偿。

《合伙企业法》第三十九条　合伙企业不能清偿到期债务的，合伙人承担无限连带责任。

69. 汇款人先以借贷关系主张还款，后变更要求收款人返还不当得利可否得到支持?

【解答】

一笔汇款，汇款人与收款人两方各执一词，假设汇款人认定汇款为民间借贷，收款人认定汇款为两人合作公司的投资款。汇款人便以民间借贷纠纷向法院起诉，一审法院以双方无借贷合意为由驳回汇款人诉讼请求后，汇款人又以收款人不当得利起诉。此时，要明确我国民法上的不当得利是指“没有合法根据，取得不当利益，造成他人损失”的情形。主张不当得利返还的，应当先由主张权利的一方举证证明不当得利发生的事实，在完成该事实层面的举证义务之后，才应由对方来举证证明其取得相关利益的合法根据。汇款人向收款人主张不当得利返还，但其所依据的却是“收款人向其借款”的事实。因此，从汇款人的立场而言，汇款是基于双方之间的借贷关系，即收款人获取钱款的“根据”，故不符合不当得利的要件构成。此处认为，汇款人持银行汇款凭证先以民间借贷关系起诉收款人要求还款，被人民法院以双方无借贷合意为由判决驳回后，再以不当得利纠纷另行起诉的，鉴于汇款人在前案中已自认其系基于双方之间的借贷关系而汇款，即收款人获取钱款有合法根据，故其主张应予驳回。

【法律依据】

《民法总则》第一百二十二条　因他人没有法律根据，取得不当利益，受损失的人有权请求其返还不当利益。

70. 民间借贷如何保证资金安全？

【解答】

第一，民间借贷首先应借给信誉良好且还款来源有保证的人，比如办厂（产品销路好）、经商（生意兴隆）以及一时资金周转出现困难的人。

第二，对于将借款用于经营高风险项目的必须谨慎借贷，只有对其所经营项目进行认真分析认为有较大的盈利可能性时，才能放贷。

第三，我们国家的非金融企业是不能以借贷名义向职工或向社会非法集资、向社会公众发放贷款的。这种企业民间非法融资行为往往借贷资金庞大，表面上看起来很安全，实质上，风险非常大，一定不能参与。

第四，切勿借贷给从事非法经营活动或从事违法行为的人，这种借贷不受法律保护，而且还有可能涉嫌刑事犯罪。

第五，在保证借贷对象安全的基础上，还可以通过担保工具保证还款安全。

总之，民间借贷不安全因素非常多，因此民间借贷首先考虑的还是资金安全而非利率的高低。现实生活中，“高利贷”往往是最危险的，因为这种借款人基本上没有考虑还款或者根本没有能力还款。再者，不要轻易将钱借给不熟悉的人，不少陌生人借了钱后一走了之，到时连人都找不到的情况比比皆是。

【法律依据】

《最高人民法院关于审理民间借贷案件适用法律若干问题的规定》第一条　本规定所称的民间借贷，是指自然人、法人、其他组织之间及其相互之间进行资金融通的行为。

经金融监管部门批准设立的从事贷款业务的金融机构及其分支机构，因发放贷款等相关金融业务引发的纠纷，不适用本规定。

71. 企业可否向职工借款?

【解答】

从总体上看，法律对企业向职工借款持支持态度。企业对自有的流动资金拥有所有权，可以自行支配使用和处理，因而可以将自有的流动资金出借给自然人，自然人也可以将自有资金出借给企业。企业向社会不特定对象吸收资金是非法吸收公众存款行为，但企业与本企业职工属于一个组织的内部关系，企业因本身生产经营缺资而向内部职工借款，内部职工便是特定对象而不是不特定对象。内部职工自愿出借给企业，企业也自愿借入，双方借贷意思表示真实，借款目的和用途正当，那么就是合法行为，受法律保护。

还有一个关键问题，即“用于本单位生产、经营”，如果不是这个目的和用途，则有非法集资的嫌疑，如企业向职工借款后用于牟取高利转贷，故意编造项目借款非法占有职工资金，在资不抵债的情况下明知无偿还能力而向职工借款，非法吸收或者变相吸收公众存款等，应当认定无效，构成犯罪的，应当追究刑事责任。

【法律依据】

《最高人民法院关于审理民间借贷案件适用法律若干问题的规定》第十二条　法人或者其他组织在本单位内部通过借款形式向职工筹集资金，用于本单位生产、经营，且不存在合同法第五十二条、本规定第十四条规定的情形，当事人主张民间借贷合同有效的，人民法院应予支持。

《最高人民法院关于审理非法集资刑事案件具体应用法律若干问题的解释》规定：在单位内部针对特定对象吸收资金的，不属于非法吸收或者变相吸收公众存款。

72. 企业可否以扣发养老金的形式抵偿职工对企业的欠款？

【解答】

企业可以向职工借款，职工也可以反过来向企业借款，当职工未按时还款时，企业以停发、减发职工的养老金抵扣清偿，此种做法看似合乎情理但违反《劳动法》和相关规定，是错误行为，应当纠正。理由：(1)养老金即退休金，计算方式以劳动者尽劳动义务的年限和贡献大小为依据，不属于劳动报酬或工资，性质上是一种“社会保障费”，直接作用是妥善安置退休劳动者的生活。基于养老金的保障性质，国家一再以法律、法规的形式强调养老金的按时足额发放，此乃法律的一项强制性规定，用人单位必须严格遵守，不能以任何理由克扣、挪用退休人员的养老金。(2)职工拖欠单位欠款拒不归还，侵犯了所在单位的合法权益，企业可以通过法律的途径予以解决，维护自身的合法权益，但不能以扣发职工的养老金的方式进行解决。

【法律依据】

《劳动法》第七十三条　劳动者在下列情形下，依法享受社会保险待遇：

(1)退休；

(2) 患病、负伤；

(3) 因工伤残或者患职业病；

(4) 失业；

(5) 生育。

劳动者死亡后，其遗属依法享受遗属津贴。劳动者享受社会保险待遇的条件和标准由法律、法规规定。劳动者享受的社会保险金必须按时足额支付。

73. 企业之间借贷被认定为无效后怎样处理？

【解答】

多项法律规定，企业之间禁止借贷。理由即企业之间借贷违反国家有关金融货币法律、法规的规定，造成企业资金脱离银行监控进行“体外循环”，造成资金市场失控和金融秩序混乱，个别企业甚至以营利为目的，以借贷名义非法从事集资和存贷活动。

《最高人民法院关于对企业借贷合同借款方逾期不归还借款应如何处理问题的批复》还指出，借款方逾期不归还本金，当事人起诉到人民法院的：人民法院除应按照《关于审理联营合同纠纷案件若干问题的解答》有关规定判决外，对自双方当事人约定的还款期限届满之日起，至人民法院判决确定借款人返还本金期满期间止的利息，应当收缴，该利息按借贷双方原约定的利率计算；如果双方当事人对借款利息未约定，则按同期银行贷款利率计算；借款人未按判决确定的期限归还本金的，依照《民事诉讼法》规定加倍支付迟延履行期间的利息。但近几年的司法实践有所突破，对企业之间借贷基本上适用《合同法》第五十八条规定进行处理，司法解释中的利息收缴和罚款基本上没有适用，除非构成行政处罚或者刑事犯罪。

【法律依据】

《商业银行法》第十一条　设立商业银行，应当经国务院银行业监督管理机构审查批准。

未经国务院银行业监督管理机构批准，任何单位和个人不得从事吸收公众存款等商业银行业务，任何单位不得在名称中使用“银行”字样。

《贷款通则》第六十一条　各级行政部门和企事业单位、供销合作社等合作经济组织、农村合作基金会和其他基金会，不得经营存贷款等金融业务。企业之间不得违反国家规定办理借贷或者变相借贷融资业务。

74. 公证可在民间借贷中起到何种作用？

【解答】

民间借贷合同属于实践性合同，自出借人提供借款之日合同成立并生效。公证不是其生效要件，并不存在不进行公证就无效，得不到法律保护的说法。但是公证对于保护民间借贷双方合法权益的实现，有着积极的保障作用。民间借贷务必要订立书面的借款合同，具备书面的证据。民间借贷合同经过公证后，除非有相反的证据推翻该项公证，否则应当作为认定事实的依据被采信。

强制执行效力是公证书的一个特殊效力。若出借人和借款人之间的民间借贷合同中明确载明如果借款人归还借款或履行不适当，借款人愿意接受强制执行的内容，并申请公证处对该效力进行公证，当借款人不按照合同约定归还借款时，出借人可以向有管辖权的人民法院申请强制执行，不必经过诉讼。

所以民间借贷合同的公证对规范民间借贷行为、预防纠纷发生、保障借贷双方(特别是出借人)的权益有积极作用。

【法律依据】

《公证法》第三十六条　经公证的民事法律行为、有法律意义的事实和文书，应当作为认定事实的根据，但有相反证据足以推翻该项公证的除外。

《公证法》第三十七条　对经公证的以给付为内容并载明债务人愿意接受强制执行承诺的债权文书，债务人不履行或者履行不适当的，债权人可以依法向有管辖权的人民法院申请执行。

前款规定的债权文书确有错误的，人民法院裁定不予执行，并将裁定书送达双方当事人和公证机构。

75. 公证机构对民间借贷的债权文书办理公证时，一般会审查哪些事项？

【解答】

(1)公证债权文书的内容是否具有给付金钱、物品、有价证券等单方义务。可以办理强制执行公证的文书仅限于追偿债款、物品和有价证券，同时，这种给付义务应为单方履行性质。

(2)债权债务关系明确，出借人和借款人对债权文书有关给付内容无异议。债权文书中对债权额、履行债务的期限、地点、方式等内容作了明确的规定，出借人和借款人对债权文书中的内容没有任何的争议。

(3)债权文书中明确载明借款人不履行义务或不适当履行义务时，借款人愿意接受依法强制执行的承诺。如果借款人到期没有履行债务或不适当履行债务，出借人向公证机关申请，公证机关审查后认定借款人不履行或不适当履行的事实确实发生，出借人按照约定已经履行了合同义务，借款人对债权文书规定的履行义务没有异议的，应当为出借人签发执行证书，出借人可以依此向人民法院申请强制执行。

【法律依据】

《最高人民法院、司法部关于公证机关赋予强制执行效力的债权文书执行有关问题的联合通知》 公证机关赋予强制执行效力的债权文书应当具备以下条件：

(1)债权文书具有给付货币、物品、有价证券的内容；

(2)债权债务关系明确，债权人和债务人对债权文书有关给付内容无疑义；

(3)债权文书中载明债务人不履行义务或不完全履行义务时，债务人愿意接受依法强制执行的承诺。

76. 民间借贷一定要约定借款的用途吗？

【解答】

很多现实存在的借条仅简单描述“某年某月某日某人借某人多少钱”，但依据《合同法》的规定，借款用途是借款合同的基本条款之一，必须在借款合同中写明。而且约定了明确的借款用途，借款人不按照此用途使用借款的，贷款人是可以停止发放借款、提前收回借款或者解除合同的。

在借款合同中约定借款用途主要有以下两个方面的作用：(1)出借人可以监督借款人使用借款情况，发现借款人擅自改变借款用途的，可以停止发放借款、提前收回借款或者解除合同，这对保证借款资金安全具有重要的意义；(2)借款人如果虚构借款用途或者隐瞒借款用途而骗取借款的，有可能涉嫌诈骗犯罪，需要承担刑事责任。

总之，民间借贷的出借人最好与借款人约定借款用途，以保证借款资金的安全；同时在必要的时候，可以追究恶意借款人刑事责任。

【法律依据】

《合同法》第一百九十七条　借款合同采用书面形式，但自然人之间借款另有约定的除外。

借款合同的内容包括借款种类、币种、用途、数额、利率、期限和还款方式等条款。

《合同法》第二百零三条　借款人未按照约定的借款用途使用借款的，贷款人可以停止发放借款、提前收回借款或者解除合同。

77.《合同法》第二百零六条中“催告”与“合理期限”怎样理解？

【解答】

对于民间借贷没有约定期限或期限约定不明确问题，不能认为永无期限，否则借款人就会以未到期为由拖延甚至拒绝履行还款义务，因此，在这种情况下必须合理确定履行期限。

《合同法》第二百零六条中“催告”的意思是出借人告知借款人还本付息，这不同于现实生活中的“催讨”，“催讨”是出借人直接向借款人主张还本付息而不必再预留合理期限；“可以催告”指出借人不催告而直接向借款人主张权利亦是情理之中。从合情合理角度看，不论是催告还是催讨，出借人一般都应当给借款人一个合理履行期限，而不宜催告时就要求当即交款。这里的“合理期限”，通常指出借人给予借款人足以充分、完全的履行还款义务的时间。至于“合理期限”是几天、几个月，法律以公平合理和诚实信用为原则，由出借人根据借款人的实际情况来决定，借款人不能以出借人决定的期限不符合客观实际、不合理为由来对抗其决定的期限，而只能与出借人协商确定还款期限。

【法律依据】

《合同法》第二百零六条　借款人应当按照约定的期限返还借款。对借款期限没有约定或者约定不明确，依照本法第六十一条的规定仍不能确定的，借款人可以随时返还；贷款人可以催告借款人在合理期限内返还。

78. 出借人无正当理由拒绝接受借款人归还的借款的如何处理？

【解答】

如果出借人无正当理由拒绝接受借款人归还的借款，借款人可以采用提存的方式归还借款。法律规定因债权人的原因，使债务人无法直接向债权人偿还债务的，债务人可将需要偿还的钱或物提交于法定的提存机关，由提存机关按法定程序交付给债权人。自提存之日起，视为债务人履行了给付义务，提存物及其风险责任转归债权人。

关于提存机关，根据我国《提存公证规则》的规定，接收提存物而代为保管的机关为公证处。实践中也多由公证处办理提存业务。借款人在申请办理提存公证时应注意以下问题：(1)当事人办理提存公证，应向债务履行地公证处申请。(2)提存的物品只限于货币有价证券票据、提单权利证书、贵重物品及其他适宜提存的物品。(3)提存物在提存期间所产生的孳息(如货币的存款利息)归提存受领人所有。提存人取回提存物的，孳息归提存人所有。提存人可以凭法院生效的判决、裁定或提存之债已清偿的公证证明取回提存物。提存物取回视为未提存。

【法律依据】

《提存公证规则》第九条　提存申请人应当填写公证申请表，并提交下列材料：

(1)申请人的身份证明；法人应提交法人资格证明和法定代表人身份证明，法定代理人应提交与被代理人关系的证明，委托代理人应提交授权委托书；

(2)合同(协议)、担保书、赠与书、司法文书、行政决定等据以履行义务的依据；

(3)存在本规则第五条或第六条规定情况的有关证明材料；

(4)提存受领人姓名(名称)、地址、邮编、联系电话等；

(5)提存标的物种类、质量、数量、价值的明细表；

(6)公证员认为应当提交的其他材料。

79. 出借人口头答应借钱，却在事后反悔的需要承担责任吗？

【解答】

该情形出借人一般情况下不承担违约责任，特殊情况下可能承担其他种类的责任(如缔约过失责任)。

民间借贷合同为实践性合同，出借人将款项提供给借款人时合同生效。如果出借人仅仅口头答应借款，但事后反悔未实际提供借款给款人，则双方并没有建立借贷关系，当事人不承担违约责任。

虽然出借人不承担违约责任，但根据《合同法》第四十二条规定有可能承担其他责任，如缔约过失责任。承担缔约过失责任就是由于一方当事人的错导致合同不能成立、被撤销、无效，即不能建立合同关系而给对方造成损失的，有过错的一方应该赔偿对方的损失。但承担这种责任必须注意以下几点：(1)必须同时满足双方不能建立合同关系、由于一方当事人的过错造成对方有损失三个条件。(2)对方的损失仅限于因订立合同而付出的必要费用，不包括因履行合同而应得的利益。

总之，如果出借人仅仅口头答应借款，但事后反悔未实际提供借款给借款人的在正常情况下是不承担责任的，只有在少数特定情形下要承担相应的责任。

【法律依据】

《合同法》第四十二条　当事人在订立合同过程中有下列情形之一，给对方造成损失的，应当承担损害赔偿责任：

(1)假借订立合同，恶意进行磋商；

(2)故意隐瞒与订立合同有关的重要事实或者提供虚假情况；

(3)有其他违背诚实信用原则的行为。

《合同法》第二百一十条　自然人之间的借款合同，自贷款人提供借款时生效。

80. 承认借款约定利息后能否反悔？

【解答】

自认，是指当事人对不利于自己事实的承认。自认分为诉讼中的自认和诉讼外的自认。诉讼中的自认，即当事人在诉讼过程中对另一方当事人陈述的不利于自己的案件事实的承认。自认也可以发生在诉讼过程之外，如在借贷纠纷中，被告诉讼前给原告的信件中曾承认向原告借款，或者被告曾向第三人承认向原告借款，或者被告诉讼前曾同意归还借款等。尽管都是承认对自己不利的事实，但诉讼外自认与诉讼中自认在效力上有很大的差别。诉讼外的自认不具有免除对方当事人举证责任的法律效力，但可以作为一种证据材料使用。

一般而言，诉讼中的自认一经作出，对法院和当事人都产生相应的拘束力。就法院而言，依据辩论原则，自认实际上排除了法院对自认的事实的认定权，法院的判决须受到当事人自认的事实的约束。对当事人而言，依据诚实信用的原则，作出自认的当事人不得随意撤回自认或者再作相反的主张。自认只能在例外的情况下撤回。这种例外情况包括两种情形：(1)经对方当事人同意，一方当事人可以在法庭辩论终结前撤回自认；(2)有充分证据证明其承认行为是在受胁迫或者有重大误解情况下作出并且与事实真实情况不符的，可以撤回自认。

【法律依据】

《最高人民法院关于民事诉讼证据的若干规定》第八条　诉讼过程中，一方当事人对另一方当事人陈述的案件事实明确表示承认的，另一方当事人无需举证。但涉及身份关系的案件除外。

对一方当事人陈述的事实，另一方当事人既未表示承认也未否认，经审判人员充分说明并询问后，其仍不明确表示肯定或者否定的，视为对该项事实的承认。

当事人委托代理人参加诉讼的，代理人的承认视为当事人的承认。但未经特别授权的代理人对事实的承认直接导致承认对方诉讼请求的除外；当事人在场但对其代理人的承认不作否认表示的，视为当事人的承认。

当事人在法庭辩论终结前撤回承认并经对方当事人同意，或者有充分证据证明其承认行为是在受胁迫或者重大误解情况下作出且与事实不符的，不能免除对方当事人的举证责任。

81. 借款人恶意处分财产导致出借人的债权受到损害，如何维权？

【解答】

当借款人放弃其对第三人的到期债权、无偿转让财产、低价转让财产或进行其他减损自己财产的行为时，可能会危及出借人债权的，这时出借人可以请求人民法院予以撤销，即行使撤销权。

一般情况下，借款人与第三人之间进行民事行为，订立民事合同，出借人不得干涉。但是当借款人向出借人借款后，其财产就成为责任财产，如果借款人对自己的财产作出恶意处分，导致出借人的债权难以实现时，出借人为保证自己的债权，依法有权予以干涉。出借人行使撤销权，就是防止借款人与第三人作出某些行为侵害其债权的保全方式。

行使撤销权需要满足以下四个条件：(1)出借人与借款人有合法有效的到期债权债务关系存在；(2)借款人实施了放弃债权处分财产等行为；(3)借款人处分财产的行为必须已经生效；(4)借款人的行为造成出借人的债权全部或者部分难以实现。

【法律依据】

《合同法》第七十四条　因债务人放弃其到期债权或者无偿转让财产，对债权人造成损害的，债权人可以请求人民法院撤销债务人的行为。债务人以明显不合理的低价转让财产，对债权人造成损害，并且受让人知道该情形的，债权人也可以请求人民法院撤销债务人的行为。

82. 只有银行转账凭证，没有借条，能否要回借款？

【解答】

在2015年9月1日之前，只有转账凭据没有借条的借贷案件，原告如果以民间借贷为由起诉，大部分败诉。理由是法院认为这笔钱不一定就是借款，很可能是还款或其他款项。很多律师协助出借人以不当得利进行起诉，试图通过举证责任倒置胜诉。但自2015年9月1日之后，最高人民法院颁布的最新《民间借贷司法解释》第十七条对仅有转账凭证举证责任进行了规定。

至此，只有转账凭据没有借条的案件，可以不再以不当得利的理由起诉，也不必过分担心被告不出庭时案件会败诉。一句话概括，只有银行转账凭证，没有借条，也可以打民间借贷官司。

【法律依据】

《最高人民法院关于审理民间借贷案件适用法律若干问题的规定》第十七条　原告仅依据金融机构的转账凭证提起民间借贷诉讼，被告抗辩转账系偿还双方之前借款或其他债务，被告应当对其主张提供证据证明。

83. 口头的质押合同能否有效？

【解答】

质押合同与借款合同一样，法律规定以书面合同为法定形式，主要考虑到以书面形式明确双方权利义务，避免以后发生争议，但并未规定不采用书面形式订立质押合同必然无效。

一般来说，双方借款合同成立，双方均认可，并且能够被证实。同时，质物已经实际交付出借人占有，双方当事人也无争议，所以虽然以口头方式不是以书面方式订立质押合同，但质物已交付，双方质押关系成立有效。在借款未归还，质权存续期间，未经出借人同意，出质人无权使用该质物。需要注意的是，依法应当登记而设立质权(权利质押)的，没有书面质押合同登记机关不予登记，那么质权就无法设立，口头质权合同也就无法具有相应的法律效力。

【法律依据】

《物权法》第二百一十条　设立质权，当事人应当采取书面形式订立质权合同。

《物权法》第二百一十二条　质权自出质人交付质押财产时设立。

《物权法》第二百一十四条　质权人在质权存续期间，未经出质人同意，擅自使用、处分质押财产，给出质人造成损害的，应当承担赔偿责任。

84. 借款人把房产证交给出借人作为抵押，未办理抵押登记手续，之后擅自把房屋出卖该如何处理？

【解答】

现实生活中，往往有扣押房本作为借款的抵押，但从抵押登记的效力角度看，以下财产需要进行不动产抵押登记：(1)建筑物和其他土地附着物；(2)建设用地使用权；(3)以招标、拍卖、公开协商等方式取得的荒地等土地承包经营权；(4)正在建造的建筑物。抵押权自登记时设立。

抵押权设立后，如果借款人不履行到期债务或发生当时约定的实现抵押权的情形，出借人有权就该抵押财产优先受偿。所以，如果双方订了抵押合同但没有办理抵押登记，抵押权没有设立，债权人不享有抵押权人的权利。如果该期间抵押人将该财产出卖或者重新设立其他的抵押权，不能要求出卖行为或重新设立的抵押无效。

题干情形由于贷款人仅保存了出借人的房产证书，但并没有办理房屋抵押登记，故抵押权未设立，若出借人重新办理产权证书并将房屋卖给他人并不违反法律规定。但是出借人违反了抵押合同规定，擅自处分了抵押物，应当承担抵押合同的违约责任。

【法律依据】

《物权法》第九条　不动产物权的设立、变更、转让和消灭，经依法登记，发生效力；未经登记，不发生效力，但法律另有规定的除外。

依法属于国家所有的自然资源，所有权可以不登记。

《物权法》第十五条　当事人之间订立有关设立、变更、转让和消灭不动产物权的合同，除法律另有规定或者合同另有约定外，自合同成立时生效；未办理物权登记的，不影响合同效力。

85. 民间借贷中会计师事务所出具虚假验资报告如何承担责任？

【解答】

在民间借贷的实践中，为了判断借款人或保证人的资信能力，在借款人或保证人为企业的情况下，出借人一般会要求其出具验资等审计报告并予以审查。审计报告尤其是验资报告日益成为出借人判断借款人或保证人还款能力的重要参考，如审计报告判断为不实报告，出借人会以出具审计报告的会计师事务所存在过错为由要求其承担赔偿责任。

此处认为，由于审计活动本身存在的专业性和特殊性，会计师事务所要承担的责任应从专家责任的角度来考虑，审判实践中应当尊重独立审计准则在审计活动中的指导地位，会计师事务所只要能够证明其并未违反法律法规、中国注册会计师协会依法拟定并经国务院财政部门批准后施行的执业准则和规则以及诚信公允的原则，就可以主张免责。如会计师事务所在审计活动中存在与被审计单位恶意串通等过错行为的，人民法院应判令其与被审计单位承担连带赔偿资任；如会计师事务所在审计活动中存在过失的，人民法院应根据其过失大小酌定相应的责任。

【法律依据】

《最高人民法院关于审理涉及会计师事务所在审计业务活动中民事侵权赔偿案件的若干规定》第一条　利害关系人以会计师事务所在从事注册会计师法第十四条规定的审计业务活动中出具不实报告并致其遭受损失为由，向人民法院提起民事侵权赔偿诉讼的，人民法院应当依法受理。

86. 虚假按揭贷款中个人面临怎样的风险？

【解答】

按揭本身存在着多种法律关系，而购房人是各种法律关系的主要当事人，而虚假按揭所有的法律关系从形式上来说不存在问题，但实质上这些关系都表现为一种虚假的、非真实的法律关系。

对个人而言，其造假所承担的是有限风险。个人以购房者名义帮助房地产开发商进行虚假按揭以后，一旦开发商无力还贷，从法律形式上来说银行就会把形式上的购房人作为被告起诉来主张权利，但银行也只能将这些假购房者“购置”的房屋拍卖，个人在经济上不会有任何损失。由于个人征信系统的不完善，虚假按揭缺乏相应的暴露机制和惩罚机制，在个人实际首付比例不高的情况下，个人造假的止损点往往就是所抵押的房产。

虽然表面上看起来个人参与虚假按揭贷款损失不大，但借款人从中获利或者有过错的，需依据《合同法》承担民事责任。君子爱财，取之有道，审判实践中虚假按揭免除借款人民事责任，必须是未获利与无过错两个条件同时具备。只有这样才能告诫公民个人提高法律意识和维权意识，才能遏制开发商和银行肆无忌惮地办理假按揭贷款，套取银行资金。

【法律依据】

《合同法》第一百九十九条 订立借款合同，借款人应当按照贷款人的要求提供与借款有关的业务活动和财务状况的真实情况。

《最高人民法院关于审理商品房买卖合同纠纷案件适用法律若干问题的解释》第二十四条 因商品房买卖合同被确认无效或者被撤销、解除，致使商品房担保贷款合同的目的无法实现，当事人请求解除商品房担保贷款合同的，应予支持。

《最高人民法院关于审理商品房买卖合同纠纷案件适用法律若干问题的解释》第二十五条 以担保贷款为付款方式的商品房买卖合同的当事人一方请求确认商品房买卖合同无效或者撤销、解除合同的，如果担保权人作为有独立请求权第三人提出诉讼请求，应当与商品房担保贷款合同纠纷合并审理；未提出诉讼请求的，仅处理商品房买卖合同纠纷。担保权人就商品房担保贷款合同纠纷另行起诉的，可以与商品房买卖合同纠纷合并审理。

商品房买卖合同被确认无效或者被撤销、解除后，商品房担保贷款合同也被解除的，出卖人应当将收受的购房贷款和购房款的本金及利息分别返还担保权人和买受人。

87. 如何区分民间借贷与非法吸收公众存款？

【解答】

非法吸收公众存款罪是指违反国家金融管理法规，非法吸收公众存款或者变相吸收公众存款，扰乱金融秩序的行为。犯罪分子往往通过高额利息、高额回扣等方式非法向社会吸收公众资金或者以投资入股、资金互助等方式变相吸存资金。我国早在1995年便以立法形式规定了非法吸收公众存款罪。

此处认为，区别民间借贷和以民间借贷的形式非法吸收公众存款行为主要在于公开性和社会性特征的判断，关键在于社会性特征的认定。公开性，是指向社会公开。例如，行为人面向社会公众发布吸储公告，或发动亲友到处游说，广泛动员他人前来存款等方式使公众得知其吸收存款的消息。

民间借贷与非法吸收公众存款非的重要区别，就在于这种民间借贷行为不具有公开性特征。民间借贷与非法吸收公众存款行为，外在形式上普遍存在出具借款凭证的相同之处，对借款凭证是否以公证形式确认，只是外在形式上的细微差异，这种差异显然不能决定行为性质，区别二者的关键为借款对象是否为社会公众，即不特定对象。社会公众，具体包含不特定性和公众性两方面的特征。“不特定性”强调行为方式的开放性、发散性，行为对象的不确定性，即借款条件面对公众统一执行，借款与否借款人事前不可预测，事中难以控制，最终结果是任何人都可以成为吸收存款的对象，这显然与面向特定对象的一般民间借款有内在的外在的区别，这一特征是非法吸收公众存款行为的本质特征。“公众性”强调对象的规模大小，体现对象的广泛性，一般是指人数多、涉及面广，应当是社会上较大范围内不特定的多数人，这也正是本罪所具有之社会危害性的集中表现。如果行为人吸收的户数不多，涉及的范围较小，就不宜认定为吸收公众存款。民间借贷的对象是特定的，因此，个人或单位向家庭成员、亲友、本单位职工、国家机关等特定对象进行拆借，就属于合法的民间借贷行为，不属于非法吸收公众存款罪。

【法律依据】

《刑法》第一百七十六条 非法吸收公众存款或者变相吸收公众存款，扰乱金融秩序的，处三年以下有期徒刑或者拘役，并处或者单处二万元以上二十万元以下罚金；数额巨大或者有其他严重情节的，处三年以上十年以下有期徒刑，并处五万元以上五十万元以下罚金。

单位犯前款罪的，对单位判处罚金，并对其直接负责的主管人员和其他直接责任人员，依照前款的规定处罚。

《关于审理非法集资刑事案件具体应用法律若干问题的解释》第一条 违反国家金融管理法律规定，向社会公众（包括单位和个人）吸收资金的行为，同时具备下列四个条件的，除刑法另有规定的以外，应当认定为刑法第一百七十六条规定的“非法吸收公众存款或者变相吸收公众存款”：

（1）未经有关部门依法批准或者借用合法经营的形式吸收资金；

（2）通过媒体、推介会、传单、手机短信等途径向社会公开宣传；

(3)承诺在一定期限内以货币、实物、股权等方式还本付息或者给付回报；

(4)向社会公众即社会不特定对象吸收资金。

未向社会公开宣传，在亲友或者单位内部针对特定对象吸收资金的，不属于非法吸收或者变相吸收公众存款。

88. 如何区分民间借贷与诈骗？

【解答】

诈骗罪，是指以非法占有为目的，采用虚构事实或者隐瞒真相的欺骗方法，骗取数额较大的公私财物的行为。区别民间借贷与诈骗犯罪的关键因素在于判断行为人获取钱款是否以非法占有为目的。而非法占有的目的系一种主观心态，并不能直接为人所感知，因此应综合行为人的客观行为来判断。一般可从以下几个方面来认定：

一是看借贷发生的理由。正常借贷中，借款人确实遇到融资困难，一时无力解决，才向他人借贷。而以借贷为名行诈骗之实的，则往往是编造各种虚假的事由，或以高利息等利益为诱惑，骗取他人信任而交付财物。

二是看借款人钱款的用途及偿还的能力。正当的借贷，借款人借得钱款后即用以解资金之困，并有可预期的收益或者其他途径的回款可以用于偿还。而诈骗人骗得钱款后，往往用于个人挥霍、偿还个人债务、购买彩票甚至用于赌博等非法活动，根本没有回笼资金的渠道和能力。

三是看借款人是否愿意归还及不能按期归还的原因。正当的民间借贷，借款人并不否认借贷关系，在不能如期归还时会制订可行的还款计划。其不能按期归还的原因，往往是因为遇到了不以其意志为转移的客观困难。而以借贷为名诈骗财物的，则往往表现为躲避与被害人接触，改变联系方式，或者携款潜逃。

【法律依据】

《刑法》第二百六十六条　诈骗公私财物，数额较大的，处三年以下有期徒刑、拘役或者管制，并处或者单处罚金；数额巨大或者有其他严重情节的，处三年以上十年以下有期徒刑，并处罚金；数额特别巨大或者有其他特别严重情节的，处十年以上有期徒刑或者无期徒刑，并处罚金或者没收财产。本法另有规定的，依照规定。

89. 以自有资金发放高利贷的行为的违法性如何认识？

【解答】

对于个人或单位以自有资金发放高利贷的行为性质，应视个案具体问题具体分析，不可一概而论。从审判实践看，大致分为两种情形：(1)个人或单位以自有资金向特定的某个人或几个人非经常性地发放高利贷的行为，属于正常的民间借贷。由于此类借款是在特定对象之间的资金借贷，行为人并不以发放高利贷为业，不涉及不特定社会公众，并没有扰乱正常的金融市场秩序和经济秩序，故仍应属于民间借贷范畴，只要双方意思表示真实即可认定有效；(2)个人或单位以自有资金向不特定的社会公众经常性地发放高利贷的行为在理论和实践上，对该种行为均有不同的认识和处理。主流观点认为，未经批准许可的个人或单位从事金融产品的经营行为时面对不特定的社会公众，其必然扰乱正常的金融市场秩序，具有较大的社会危害性，对该种行为可认定为非法经营罪中“其他严重扰乱市场秩序的法经营行为”。

【法律依据】

《中国人民银行关于取缔地下钱庄及打击高利贷行为的通知》一、人民银行各分行、营业管理部应严格按照国务院《非法金融机构和非法金融业务活动取缔办法》(国务院〔1998〕第247号令)的规定，依法取缔辖区内的非法金融机构和非法金融业务活动。人民银行各分行、营业管理部要组织力量摸清当地地下钱庄和高利借贷活动的情况；对非法设立金融机构、非法吸收或者变相吸收公众存款以及非法集资活动，一经发现，应立即调查、核实，经初步认定后，及时提请公安机关依法立案侦查；对经调查认定的各类形式的地下钱庄和高利借贷活动，要坚决取缔，予以公告，没收其非法所得，并依法处以罚款；构成犯罪的，由司法机关依法追究刑事责任。发现金融机构为非法金融机构和非法金融业务开立账户、办理结算和提供贷款的，应当责令该金融机构立即停止有关业务活动，并依法给予处罚。

90. 非法集资的受害人有什么自救方式？

【解答】

参加非法集资活动不受法律保护，非法集资参与人需明确“买者自负、风险自担”的责任，人民政府不承担无限责任。

(1)集资参与人务必尽快向公安报案，通过司法途径依法理性维权，避免非法集资人携款潜逃。

(2)尽早申请冻结问题平台资产

①尽快冻结问题账户的目的是防止财产被转移或者逃匿

②可以采取民事诉讼的方式。但民事诉讼立案较难，还需缴纳费用，花费不菲。

③如果进入公诉程序，需要做好打持久战的准备。

(3)搜集四类证据

①)理财款项支付划拨证据，也就是银行流水账单、转账单等单据，需要加盖公章。

②合同协议类证据。纸面的投资协议一定要保存好。

③理财交流过程证据。纸质宣传材料，电话录音，聊天记录等。

④第三方证据。第三方证据主要包括非法集资人在媒体或者互联网上所做宣传的证据。

(4)不可轻信“债转股”的解决方案。一般情况下，这是非法集资者的“救命稻草”，但是一般不可轻信。

【法律依据】

《非法金融机构和非法金融业务活动取缔办法》第十八条 因参与非法金融业务活动受到的损失，由参与者自行承担。

《非法金融机构和非法金融业务活动取缔办法》第十九条 非法金融业务活动所形成的债务和风险，不得转嫁给未参与非法金融业务活动的国有银行和其他金融机构以及其他任何单位。

91. 非法集资的受害人理论上可以拿回多少理财款?

【解答】

非法集资案件偿还原则：非法集资参与人的理财款依法将按比例返还。排外：如果这些非法集资参与人已经获取过利息或者分红，则这些利息或者分红会折抵本金，再按照集资额比例返还。

举例：

若某个互联网金融平台经法院认定非法集资，案件集资总额为500亿，公司被查封时，未返还集资总金额400亿，最后司法机关追回的款项是100亿。

若某金融消费者在该平台上的理财本金是12万，已经获得利息、奖金、分红等合计是2万。则计算公式是：

100亿÷400亿=25%，这个25%就是未来的清偿率。

12万-2万=10万，这个10万是清偿计算本金。

10万×25%=2.5万，这个就是最后互联网金融消费者最后得到的款项。

【法律依据】

《刑法》第三十六条　由于犯罪行为而使被害人遭受经济损失的，对犯罪分子除依法给予刑事处罚外，并应根据情况判处赔偿经济损失。

《刑事诉讼法》第九十九条　被害人由于被告人的犯罪行为而遭受物质损失的，在刑事诉讼过程中，有权提起附带民事诉讼。

92. 借款分期偿还的诉讼时效如何计算？

【解答】

依据《民法总则》的规定，一般的诉讼时效为三年。民间借贷中，若借贷双方约定借款分期偿还，发生纠纷后诉讼时效自最后一期借款归还期限届满的次日开始计算。例如借款合同于2016年1月成立并生效，约定借款及利息分三年还清，则此债权的最后一笔还款期限应该是在2019年的1月，在此后的三年之内，就是诉讼时效期间。若过了此期间，债权人没向债务人主张过权利，则有可能丧失胜诉权。

【法律依据】

《民法总则》第一百八十八条　向人民法院请求保护民事权利的诉讼时效期间为三年。法律另有规定的，依照其规定。

诉讼时效期间自权利人知道或者应当知道权利受到损害以及义务人之日起计算。法律另有规定的，依照其规定。但是自权利受到损害之日起超过二十年的，人民法院不予保护；有特殊情况的，人民法院可以根据权利人的申请决定延长。

《最高人民法院关于审理民事案件适用诉讼时效制度若干问题的规定》第五条　当事人约定同一债务分期履行的，诉讼时效期间从最后一期履行期限届满之日起计算。

93. 民间借贷中如何适用诉讼保全？

【解答】

在民间借贷纠纷案件进入诉讼程序至作出判决前，作为原告的出借人发现因借款人、担保人的行为或者其他原因，可能使与本案有关的财产发生转让、转移、毁损等情况，可以申请人民法院对被告当事人的财产采取强制措施予以保全，人民法院接受出借人这种申请，为了保证将来的判决得以执行，而对借款人或者担保人的财产采取查封、扣押、冻结等强制性措施。

由民间借贷的法律特征所决定，出借人申请诉讼财产保全必须具备以下几个基本条件：第一，必须是金钱给付之诉。民间借贷本身就是金钱债权债务关系，因而产生的纠纷只是金钱给付之诉，而不涉及其他财产问题，所以出借人申请诉讼财产保全是没有问题的。

第二，借款债务已经到期。在一般情况下，借款债务到期后，出借人才可以申请财产保全。如果借款债务未到期，除非出现预期违约等特殊情况，出借人不可申请诉讼保全。

第三，必须在起诉的同时或者判决作出前提出申请。出借人如果在起诉前申请财产保全，则是诉前财产保全，而不是诉讼财产保全。案件判决后出借人没有必要申请财产保全，而应当申请强制执行。

第四，必须有被告擅自处理与本案有关财产的行为或者其他原因。借款人为了逃避债务，担保人为了逃避担保责任，擅自处理与本案有关的财产，往往造成出借人及其担保债权难以实现的后果。

根据被告人不同情况，民间借贷纠纷案件的“本案有关财产”大致有以下三种：(1)借款人的财产。借款人的所有财产实际上都是借款担保责任财产，属于民间借贷纠纷案件的有关财产范围，因而，在一定价值范围内不得隐瞒出借人擅自处理。(2)保证人的财产。出借人接受第三人提供的保证，从表面看是保证人的信誉起作用，但当保证人承担代为清偿债务责任时，出借人实际上是看保证人的财产，因而，保证人在保证债务范围内也不得擅自处理财产。(3)抵押、质押财产。抵押人、出质人提供担保的财产，除担保权人(出人)明确放弃担保权外，不得影响借款债权而擅自处理。但是，担保物权已经登记或者占有的，再申请财产保全就没有多大意义。

第五，使判决难以执行或者造成当事人其他损害。借款人或者担保人分其财产，如果不影响出借人实现债权，不会造成将来判决不能执行或者以执行的，出借人没有必要申请诉讼财产保全，人民法院也不会接受申请而采取保全措施。只有借款人或者担保人开始实施某种行为或者其他原因，致使今后判决难以执行或者造成当事人其他损害的，出借人才可以申请诉讼财产保全。

【法律依据】

《民事诉讼法》第一百条　人民法院对于可能因当事人一方的行为或者其他原因，使判决难以执行或者造成当事人其他损害的案件，根据对方当事人的申请，可以裁定对其财产进行保全、责令其作出一定行为或者禁止其作出一定行为；当事人没有提出申请的，人民法院在必要时也可以裁定采取保全措施。

人民法院采取保全措施，可以责令申请人提供担保，申请人不提供担保的，裁定驳回申请。

人民法院接受申请后，对情况紧急的，必须在四十八小时内作出裁定；裁定采取保全措施的，应当立即开始执行。

94. 若民间借贷申请财产保全错误的，赔偿责任怎样认定？

【解答】

出借人申请财产保全有错误，造成借款人或者担保人财产损失的，出借人应当承担赔偿责任。引起这种赔偿的情况大致有以下几种：

（1）人民法院依据出借人申请而采取财产保全措施，后因经审理认定借贷关系不存在，或者借款人已经在出借人申请保全前履行全部义务等原因而判令出借人败诉，在这些情况下，借款人的财产因保全而受到损失。

（2）出借人虽已胜诉，但判决的债权数额小于申请保全债权数额，造成大于判决部分的保全财产损失，对大于部分所造成的损失，由申请人承担赔偿责任。

（3）出借人提供保全的标的物错误，如误将他人的财产认为是借款人的财产，致使人民法院对他人财产实施了查封、扣押等强制措施，结果造成他人财产损害。

（4）出借人在人民法院采取诉前保全措施后30日内不提起诉讼，被请人的财产因诉前保全遭受损失。

出借人申请财产保全错误，造成借款人担保人或者第三人财产损失如不主动赔偿的，被申请人可以提起诉讼，请求人民法院判令出借人赔偿。

【法律依据】

《民事诉讼法》第一百零五条　申请有错误的，申请人应当赔偿被申请人因保全所遭受的损失。

95. 民间借贷纠纷申请支付令如何适用法律?

【解答】

支付令，是指人民法院根据债权人的申请，依法作出的督促债务人为一定给付义务的法律文书。出借人在符合法定条件的情况下可以申请支付令，法院适用督促程序予以办理。

(1)督促程序。

督促程序，是指债权人直接向人民法院申请支付令，要求债务人给付金钱、有价证券所适用的特殊审判程序。民间借贷纠纷案件的标的物是金钱和有价证券，属于申请支付令并适用督促程序的对象。

(2)申请支付令的条件。

出借人申请支付令，人民法院受理并适用督促程序的，应当符合以下几个条件：

第一，申请的内容必须是给付金钱或者有价证券。这个条件对民间借贷来说是没有问题的，因为民间借贷纠纷案件的标的物本身就是金钱(包括有价证券)。

第二，请求的债权必须有明确的数额且已到期。出借人向人民法院申请支付令，在提出申请时，必须写清具体明确的借款债权数额和已到期时间，以及所依据的事实和证据。如果借贷债权未到期，出借人尚无请求借款人偿还的权利则不能申请支付令。如果借贷债权数额不明确，说明借贷债权数额有争议或者无法确定，则不适用督促程序发出支付令。只有出借人提供证据，证明借贷债权有明确数额且已到期，才可以申请支付令。出借人申请支付令，借款人认为有借贷纠纷，或者尚未到期的，可以提出异议，阻止人民法院发出支付令，或者使支付令不发生效力。

第三，出借人与借款人没有其他债务纠纷。出借人对借款人只享有借贷债权而没有其他债务，才适用督促程序，如果出借人对借款人享有民间借贷债权，而借款人对出借人享有其他债权，例如，借款人欠出借人借款十万元，而出借人欠借款人十万元货款，双方互为债务人，互有给付义务。在这种情况下，出借人申请支付令，督促程序就会因借款人提出要求出借人偿还货款债务的异议而终结。

第四，支付令能够送达借款人。支付令的送达有两种方式：一是直接向债务人本人送达；二是债务人本人拒收的，适用留置送达。债务人不在我国境内，或者虽在我国境内，但下落不明的，因为不能向其本人送达而不适用督促程序。支付令不适用公告送达，因为公告送达不一定使债务人都能完全了解公告的具体内容。支付令也不宜适用邮寄送达，因为邮寄送达可能会使债务人无法如期收到支付令。

【法律依据】

《民事诉讼法》第二百一十四条　债权人请求债务人给付金钱、有价证券，符合下列条件的，可以向有管辖权的基层人民法院申请支付令：

(1)债权人与债务人没有其他债务纠纷的；

(2)支付令能够送达债务人的。

申请书应当写明请求给付金钱或者有价证券的数量和所根据的事实、证据。

96. 民间借贷中合法的还钱方式需注意哪些?

【解答】

对于诚信守法的借款人，还款时需注意:

(1)借款人应当按照约定的期限返还借款。对借款期限没有约定或者约定不明的借款可以随时返还；贷款人可以催告借款人在合理期限返还。

(2)借款人未按照约定的期限或者经催告后的合理期限内返还借款的应当照约定或者国家有关规定支付逾期利息。

(3)借款人提前偿还借款的，应当按照实际借款的期间计算利息；但是，当人另有约定的除外。

(4)借款人还款一定要“还对对象”，即还给出借人本人或者其授权接收数的人，并且要保留已经还款的证据。

【法律依据】

《合同法》第一百九十六条　借款合同是借款人向贷款人借款，到期返还借款并支付利息的合同。

97. 委托贷款合同是否有效?

【解答】

委托贷款合同即政府、企事业单位及个人作委托人将资金通过贷款受托人发放出去的“过桥借款”行为。依《贷款通则》规定，贷款银行对借款不承担风险，在借款人不按约履行还款义务时，贷款银行往往怠于履行协助清收贷款的义务，导致委托人的贷款难以收回，因此产生的纠纷在近年商事审判实践中呈上升态势。审判实践中，从事委托贷款的委托人多为非金融企业，借款人则多为难以从银行取得贷款的中小企业，按现有的法律及司法解释，企业间的借贷合同属无效合同。由此引发了一个法律问题，即政府部门企事业单位通过委托贷款形式向企业发放贷款是否就自然演变成有效合同了呢？

当前审判实践中的主流观点认为，《贷款通则》中规定委托人为“政府部门、企事业单位及个人”，但对委托人的主体身份并未作限制性规定，因此，应视为法律允许所有的“政府部门、企事业单位及个人”均可以“委托人”的身份将资金委托银行办理委托贷款，委托贷款作为《贷款通则》规定的一种借贷模式，其合同形式不论是双方协议还是三方协议，均为委托人、受托人(贷款人)及借款人的真实意思表示，因此，这类合同应作有效合同处理。

【法律依据】

《贷款通则》第七条　自营贷款、委托贷款和特定贷款：

自营贷款，系指贷款人以合法方式筹集的资金自主发放的贷款，其风险由贷款人承担，并由贷款人收回本金和利息。

委托贷款，系指由政府部门、企事业单位及个人等委托人提供资金，由贷款人(即受托人)根据委托人确定的贷款对象、用途、金额、期限、利率等代为发放、监督使用并协助收回的贷款。贷款人(受托人)只收取手续费，不承担贷款风险。

特定贷款，系指经国务院批准并对贷款可能造成的损失采取相应补救措施后责成国有独资商业银行发放的贷款。

98. 民间借贷中可以约定滞纳金吗?

【解答】

因为用语的不够规范,借贷双方在借据中约定借款人逾期还款需要支付滞纳金的条款,实际意图是约定逾期还款的违约金。滞纳金是一个行政管理用语,是指具有行政征收职能的行政机关,在征收相关费用的过程中,义务人不履行义务,该义务又不能由他人代为履行时,则由该执行机关按照义务人拖延履行的期限,按日征收的额外金钱,以促使义务人早日履行义务。它具有法定性、强制性和固定性等特点,被视为行政处罚的一种。它涉及的双方主体的法律地位是不平等的,他们之间是一种管理与被管理的关系。所以借据中如果约定借款人逾期还款承担相应的滞纳金,则应当理解为是对逾期还款违约金数额的约定。对此可适用《民间借贷司法解释》第三十条的规定。

【法律依据】

出借人与借款人既约定了逾期利率,又约定了违约金或者其他费用,出借人可以选择主张逾期利息、违约金或者其他费用,也可以一并主张,但总计超过年利率百分之二十四的部分,人民法院不予支持。

99. 作为出借人通过网络平台借出去的钱收不回来可以起诉借贷平台吗?

【解答】

借贷双方通过 p2p 网贷平台形成借贷关系,网络贷款平台的提供者仅提供媒介服务，则不承担担保责任，如果p2p网贷平台的提供者通过网页、广告或者其他媒介明示或者有其他证据证明其为借贷提供担保，根据出借人的请求，人民法院可以判决p2p网贷平台的提供者承担担保责任。

【法律依据】

《最高人民法院关于审理民间借贷案件适用法律若干问题的规定》第二十二条　借贷双方通过网络贷款平台形成借贷关系，网络贷款平台的提供者仅提供媒介服务，当事人请求其承担担保责任的，人民法院不予支持。

网络贷款平台的提供者通过网页、广告或者其他媒介明示或者有其他证据证明其为借贷提供担保，出借人请求网络贷款平台的提供者承担担保责任的，人民法院应予支持。

后　记

《公共法律服务体系建设实践丛书》由武汉市江汉区司法局与湖北诺亚律师事务所联合编写。本丛书由武汉市江汉区司法局党组书记、局长谢定彪同志统一协调并组织编写，由中南财经政法大学知识产权研究中心研究员、武汉市江汉区司法局副局长(挂职)、国浩律师(深圳)事务所合伙人王博同志为丛书搭建篇章结构、提供编写思路，由江汉区政协委员、湖北诺亚律师事务所主任律师熊学武同志组织该所优秀律师认真编写。

本丛书的付梓出版，要特别感谢武汉市司法局党组书记、局长关太兵同志在繁重的工作之余为丛书撰写序言，感谢湖北诺亚律师事务所各位律师付出的智慧和辛劳。除此之外，还要感谢武汉大学出版社张欣编辑，为该套丛书的具体编排、组织出版等诸多具体事务所做的工作。

本丛书立足于百姓生活中常见的法律问题，用通俗易懂的语言和专业精炼的法律依据，力求为群众提供贴身、贴心的法律全书。本丛书现有四辑八篇，分婚姻家庭、民间借贷、人身损害赔偿、交通事故、物业服务、房地产纠纷、劳动合同、消费者权益等八个类别，每类有百余法律问答，涵盖最热、最新、最贴近群众需求的法律问题，力求成为提供精准法律知识、深受群众普遍欢迎的通俗读物。

千里之行，始于足下。江汉区司法局将以此为开端，逐步推出更多辑《公共法律服务体系建设实践丛书》，加强法治文化建设，不断提升公共法律服务软实力，切实增强人民群众的法治获得感幸福感。